Emanuel Adler

Über die Lage des Handwerks in Österreich

Emanuel Adler

Über die Lage des Handwerks in Österreich

ISBN/EAN: 9783743668058

Hergestellt in Europa, USA, Kanada, Australien, Japan

Cover: Foto ©ninafisch / pixelio.de

Weitere Bücher finden Sie auf **www.hansebooks.com**

Wiener Staatswissenschaftliche Studien

herausgegeben von

Edmund Bernatzik und **Eugen von Philippovich**

in Wien.

Erster Band. Erstes Heft.

Ueber

die Lage des Handwerks

in Oesterreich.

Von

Dr. **Emanuel Adler.**

Freiburg i. B.
Leipzig und Tübingen
Verlag von J. C. B. Mohr (Paul Siebeck)
1898.

Inhalt.

	Seite
I. Die Stellung des Handwerks in der österreichischen Volkswirtschaft	1
II. Die Feinde des Handwerks	5
III. Die inneren Schwächen des Handwerks	21
IV. Die Lage des Handwerks in Oesterreich	25
V. Die Versuche zur Lösung der Handwerkerfrage	
a) Die Panaceen der Handwerkerpartei	45
b) Die Kleinmotoren	52
c) Kreditorganisation	56
d) Produktivgenossenschaften	62
e) Stärkung und Erweiterung der gewerblichen Genossenschaft	71
f) Umgestaltung des Lehrlingswesens	88
g) Der Befähigungsnachweis und die Abgrenzung der Gewerbeberechtigungen	115
VI. Schlussergebnisse	129

I.
Die Stellung des Handwerks in der österreichischen Volkswirtschaft.

Die soziale Frage auf dem Gebiete des Gewerbewesens zerfällt in die Arbeiterfrage einerseits und in die Handwerkerfrage andererseits. Während es sich bei der ersteren wesentlich um Hebung einer Klasse handelt, liegt der Schwerpunkt der letzteren in der Erhaltung des Handwerks als eines gewerblichen Mittelstandes. Die Frage der Erhaltung eines Mittelstandes überhaupt fällt also durchaus nicht mit der Handwerkerfrage zusammen, da das Handwerk doch nur einen Teil desselben bildet, und von diesem wiederum das ländliche Handwerk, soweit es gleichzeitig auf die Erträgnisse seines Besitzes angewiesen ist, an der Lösung der Agrarfrage nicht minder für seine Existenz interessiert ist. Wenn nun aber auch die im Verlaufe der politischen Agitation vielfach zu beobachtende Vermengung dieser beiden Fragen zurückgewiesen werden muss, so soll damit doch der Handwerkerfrage nichts von ihrer Bedeutung genommen werden. Allerdings, wenn wir uns mit der landläufigen Ansicht[1], mit den Aussprüchen einzelner Schriftsteller[2] und mit den offiziellen Klagen

---

[1] Vgl. V. BÖHMERT, Die Gegenwart und Zukunft des Kleinbetriebes; im Arbeiterfreund, Jahrg. XVI, 1878, S. 12: „Die landläufige Behauptung, dass die Kleinindustrie untergehen und der Grossindustrie weichen müsse, ... wird durch die Ergebnisse der Industriestatistik in dieser Allgemeinheit keineswegs bestätigt." Vgl. auch NASKE, Die gewerbepolitische Bewegung in Oesterreich S. 33: Stichproben aus dem allgemeinen gewerblichen Schlagwörterlexikon: „Dem Kleingewerbe ist nicht zu helfen, es muss zu grunde gehen, dies ist nur eine Frage der Zeit" etc.

[2] ED. TOBISCH, Das Kleingewerbe und der gewerbliche Unterricht, 1872, S. 8: „Der Lärm der ersten Maschine wird zum Grabgeläute, der erste Fabrikschornstein zum Leichenstein des alten Handwerksbetriebs." — Vgl. auch Dr. KOBATSCH, Das österreichische Gewerberecht und seine bevorstehende Reform, in Konrad's Jahrbüchern 1896, S. 847: „In der weiteren Zukunft werden die Kleingewerbetreibenden — und dies ist der Weisheit letzter Schluss — vor-

der Handwerker[1] begnügen wollten, dann wäre die Handwerkerfrage gelöst oder ginge doch in baldigster Zukunft durch den gänzlichen Untergang des Handwerks[2] einer unvermeidlichen Lösung entgegen. Allein wir brauchen uns nur umzusehen, um zu finden, dass dies gegenwärtig noch nicht der Fall ist, und die statistischen Daten geben die Sicherheit, dass dies auch sobald nicht eintreten kann. Eine in dieser Beziehung umfassende gewerbliche Statistik speziell für Oesterreich besteht allerdings leider nicht. Nur als schätzungsweise und nicht besonders verlässliche Ermittlung möchte ich die Zahlen erwähnen, die bei Berathung der 1883er Gewerbe-Novelle im Parlamente vorgebracht wurden[3]: darnach wären in Oesterreich (damals) 6—700000 Erwerbsteuerpflichtige, darunter 3—350000 Kleingewerbetreibende, und da unter jener Zahl auch die Handelsgewerbe inbegriffen sind, die ca. 50% davon ausmachen, ergiebt sich auch bei diesen ungenauen Zahlen die grosse Bedeutung des das Kleingewerbe ja fast ausschliesslich bildenden Handwerks.

Auch die Handelskammerberichte können zur Feststellung der Verhältniszahlen von Klein- und Grossbetrieben zum grössten Teil nicht herangezogen werden; der Brünner[4] Bericht behandelt nur die Grossindustrie, der Wiener[5], der auch die Kleinbetriebe umfasst,

---

trefflich geschulte Mitarbeiter der fast ausschliesslich im grossen betriebenen Unternehmungen entweder auf eigene oder auf fremde Rechnung sein."

[1] Vgl. E. Jäger, Die Handwerkerfrage I, 1887, S. 40. Erklärung des Handwerkerparlaments an die Nationalversammlung: „Wer möchte es dem Handwerkerstand verargen, wenn er, dem nur noch einige Atemzüge vergönnt sind, die letzten Kräfte zusammenrafft und einen feierlich von Millionen Unglücklicher besiegelten Protest gegen die Gewerbefreiheit einlegt?"; ferner Stenographisches Protokoll der im Gewerbeausschuss des Abgeordnetenhauses am 12., 14. und 15. Dez. 1891 stattgehabten Expertise über die Lage des Schuhmachergewerbes. S. 92: „Wenn Sie uns (i. e. das Handwerk) nicht haben wollen, so haben sie keine grosse Arbeit mehr mit uns. Wir werden ja auf Ja oder Nein verschwinden. Wir haben keinen Platz mehr in der Gesellschaft."

[2] Vgl. auch das Erfurter Programm (1891): „Die ökonomische Entwicklung der bürgerlichen Gesellschaft führt mit Naturnotwendigkeit zum Untergange des Kleinbetriebes ... Hand in Hand mit dieser Monopolisierung der Produktionsmittel geht die Verdrängung der zersplitterten Kleinbetriebe durch kolossale Grossbetriebe ..."

[3] Stenographische Protokolle über die Sitzungen des Hauses der Abgeordneten des Reichsrates IX. Session, IX. Bd. S. 8596; Abg. MATSCHEKO.

[4] Statistischer Bericht der Handels- und Gewerbekammer Brünn über die volkswirtschaftlichen Zustände in ihrem Bezirke im Jahre 1890, Brünn 1894.

[5] Statistischer Bericht über die volkswirtschaftlichen Zustände des Erzherzogtums Oesterreich unter der Enns im Jahre 1890. Erstattet von der Handels- und Gewerbekammer Wien, 1893 und 1894.

nimmt als unterscheidendes Merkmal die Erwerbssteuerleistung (ohne Zuschläge) unter oder über 21 fl.; dies besagt für die Frage: Handwerk oder nicht, nichts. Nur der Prager[1] enthält genauere Feststellung bezüglich der Gehilfenzahl, die wohl ein wesentliches Merkmal zur Entscheidung obiger Frage liefert. So finden wir denn hier[2] für die Produktionsgewerbe — die Gesamtzahl der Hauptbetriebe beträgt 34872 — das Verhältnis der Kleinbetriebe zu den Grossbetrieben wie 97,2 : 2,8, wobei die Kleinbetriebe den höchsten Stand, nämlich 99,2 : 0,8 in der Bekleidungs- und Putzwarenindustrie, den niedrigsten 87,9 : 12,1 in den polygraphischen und Kunstgewerben, erreichen, während in einer grossen Anzahl von Gewerben[3] ein Grossbetrieb überhaupt nicht vorkommt. Allerdings ist hier als unterscheidendes Merkmal die Zahl von 20 Hilfsarbeitern angenommen und zweifellos sind auch unter den Betrieben mit weniger als 20 Hilfsarbeitern viele, die unter das „Handwerk" nicht mehr gerechnet werden können. Noch charakteristischer ist die Verbreitung der Kleinbetriebe des kleinsten Umfangs[4]; es entfallen von je 1000 Betrieben der Produktionsgewerbe nicht weniger als 448,8 auf Alleinbetriebe, weiters haben 243,7 nur einen Hilfsarbeiter (Geselle, Lehrling oder Arbeiter), 123,1 zwei und 103,7 drei bis fünf, mithin einen bis fünf Hilfsarbeiter unter 1000 Betrieben 470,5. Bezeichnen wir nun entsprechend den deutschen gewerbestatistischen Aufnahmen als Kleinbetriebe die mit 0—5 Gehilfen, so ergiebt dies 92 % Kleinbetriebe; das dürften auch fast ausschliesslich Handwerksbetriebe sein. Mag nun auch diese Zahl durch etwaige Hausindustrielle, die als selbständige Unternehmer gezählt wurden, eine Aenderung erfahren, so ergiebt sie doch jedenfalls, dass im Kammerbezirk Prag — und das dürfte auch für ganz Oesterreich keine grosse Aenderung erfahren — das Kleingewerbe der Zahl nach ganz entschieden überwiegt. In noch stärkerem Masse war dies in Deutschland nach der Berufszählung vom 2. Juni 1882 der Fall, wo die Kleinbetriebe mit 0—5 Gehilfen sogar 96,77 % aller Betriebe ausmachen.

Stellen wir dem die Ergebnisse der deutschen Berufszählung des Jahres 1895 gegenüber, so ergiebt sich für Preussen[5], dass die Zahl der Kleinbetriebe trotz bedeutender Zunahme der Mittel- und

---

[1] Statistischer Bericht über die volkswirtschaftlichen Zustände im Bezirke der Handels- und Gewerbekammer in Prag in den Jahren 1886—90.
[2] S. 51*.
[3] S. 52*.
[4] S. 50*.
[5] Für welches die Ergebnisse bisher allein vorliegen.

4 Die Stellung des Handwerks in der österreichischen Volkswirtschaft.

Grossbetriebe einen bedeutenden Rückgang aufweist[1]. Denn während die Betriebe des grössten Betriebsumfanges im Zeitraum 1882—1895 um über 100 % zunahmen und die Betriebe mit 6—10 Hilfskräften noch eine Zunahme von über 54 % aufweisen, zeigen in demselben Zeitraum die Betriebe mit 1—5 Gehilfen eine Verminderung von 0,75 %, während diese Verminderung bei den Alleinbetrieben sogar 12,04 % ausmacht. Gleichwohl haben die Kleinbetriebe in der Volkswirtschaft ihre grosse Bedeutung im wesentlichen behalten. Denn ihr Prozentsatz unter den gewerblichen Betrieben überhaupt, der sich 1882 für Preussen auf 95,53 gestellt hatte, beträgt 1895 noch immer 92,43, und zwar machen hievon die Alleinbetriebe 57,51 %, die Betriebe mit 1—5 Hilfskräften 34,92 % aus.

Aus diesen Zahlen geht jedenfalls hervor, nicht nur dass das Handwerk heute noch besteht, sondern auch dass sein völliger Untergang wohl für die nächste Zukunft nicht zu gewärtigen ist. Allerdings kann man mit SCHMOLLER[2] sagen, dass solche Zahlen als Durchschnitt eines einzelnen Momentes nicht sehr viel bedeuten, und namentlich für die Frage, wie das Handwerk existiert, ist damit noch gar nichts gesagt. Gerade die bedeutende Zahl der Alleinbetriebe giebt einen deutlichen Fingerzeig, dass es einem grossen Teil nicht zum besten geht, und die allgemeinen Klagen über den Niedergang des Handwerks sind auch nicht ganz grundlos. Und doch ist gerade die Frage, wie das Handwerk existiert, das Wichtigste. Denn an der Erhaltung des Handwerks als Betriebsform besteht ja an sich ein öffentliches Interesse nicht. Wohl aber besteht ein solches Interesse daran, das Handwerk kräftig und blühend zu erhalten soweit, als es heute noch einen gewerblichen Mittelstand repräsentiert und auch weiterhin noch zu repräsentieren vermag. Es wird also der Allgemeinheit noch nicht gedient, wenn es gelingt, durch künstliche Mittel die Betriebsform zu petrificieren, während die Meister wirtschaftlich kaum über dem proletarisierten Arbeiter stehen. Immer wird entscheidend sein, ob die Existenz der Meister eine befriedigende ist. Nur wäre nichts verfehlter als in der Frage, wie es mit dem Handwerk steht, zu generalisieren. Nicht nur, dass jedes einzelne Handwerk nach seinem technischen Betriebe, seiner Verbreitung, der Art seiner Produkte und seines Absatzes etc. genau unterschieden werden muss, kommen auch für

---

[1] Statistische Korrespondenz, Jahrg. XXIII, Sondernummer vom 28. Okt. 1897. „Die Gewerbebetriebe in Preussen nach Grössenklassen 1882 und 1895."
[2] Zur Geschichte der deutschen Kleingewerbe im 19. Jahrhundert. 1870, S. 665.

verschiedene Völker, Staaten, bisweilen sogar Provinzen und überall wieder zwischen Stadt und Land solche Verschiedenheiten inbetracht, dass ein einheitliches, unter allen Verhältnissen zutreffendes Urteil über die Lage des Handwerks nicht abgegeben werden kann. Gerade in der Möglichkeit, alle diese Verschiedenheiten für die einzelnen Handwerke speziell für Oesterreich berücksichtigen zu können, liegt der grosse Wert von „Untersuchungen", wie sie vom Verein für Sozialpolitik, wie früher in Deutschland[1], nunmehr auch für Oesterreich[2] „über die Lage des Handwerks mit besonderer Rücksicht auf seine Konkurrenzfähigkeit gegenüber der Grossindustrie" veranlasst und herausgegeben wurden.

II.
Die Feinde des Handwerks.

Bevor auf Einzelheiten eingegangen wird, sollen zuerst im allgemeinen die Ursachen für den Niedergang des Handwerks ins Auge gefasst werden. Dabei „möchte man gerne mit bequemer Wiederholung eines Schlagwortes das Um und Auf der heutigen wirtschaftlichen und sozialen Not den Grundsätzen der nach und nach verwirklichten Verkehrs- und Gewerbefreiheit zuschreiben. Eine ernstere und tiefere Betrachtung, die sich nicht mit dem post hoc ergo propter hoc der Halbgebildeten begnügt, führt aber zu dem Schlusse, dass die Gewerbefreiheit vielmehr selbst die Folge einer Reihe von Thatsachen ist, die sie hervorgebracht haben soll"[3]. Diese Ueberschätzung der Einwirkung gesetzgeberischer Massnahmen auf die Volkswirtschaft begnügt sich konsequenterweise auch wiederum mit der gesetzmässigen Festsetzung einer mehr oder minder radikalen Beseitigung der Gewerbefreiheit; dabei vergisst man allerdings, dass dies allein zur Rückführung der guten alten Zeit nicht genügt, und dass andererseits auch in dieser Klagen über die üble Lage des Handwerks und zwar durchaus nicht vereinzelt erhoben wurden[4]. Damit soll nun nicht gesagt sein, dass die Gewerbefreiheit

---
[1] Schriften des Vereins für Sozialpolitik, Bd. LXII—LXX.
[2] Schriften des Vereins für Sozialpolitik, Bd. LXXI.
[3] PHILIPPOVICH, Die Aenderungen unserer Wirtschaftsverfassung im 19. Jahrhundert, Separatabdruck aus der Wiener Wochenschrift „Die Zeit", 1895, S. 14.
[4] Man vgl. als älteste derartige Klage, die auch deshalb von grösserem Interesse ist, weil sie gerade mit den heute so häufig gehörten Klagen über das von den „Pfuschern" angerichtete Unheil (womit man besonders die Einführung des Befähigungsnachweises zu begründen sucht) genau übereinstimmt, und

ohne jeden Einfluss gewesen sei, allein sie darf doch immer nur im Zusammenhang mit den gesamten Wirtschaftserscheinungen betrachtet und nur gemeinsam mit diesen, wie ja auch andererseits als Folge dieser, für die heutige Lage des Handwerks verantwortlich gemacht werden. „Die Krisis des Handwerks ist eben keine Sache für sich, sie ist eine Folge der allgemeinen Aenderungen unsrer gesamten wirtschaftlichen Verhältnisse. Ein totaler Umschwung der Technik und des Verkehrswesens, eine ausserordentlich rasch zunehmende Bevölkerung, eine fast vollständige Verlegung fast aller Standorte der Industrie und der Landwirtschaft, eine ganz andere Organisation der bei der Produktion zusammenwirkenden Kräfte, total veränderte Klassen- und Besitzverhältnisse, eine ganz andre volkswirtschaftliche Gesetzgebung, alle diese Momente zusammen haben die moderne soziale Frage geschaffen"[1].

Suchen wir nun die einzelnen Faktoren zu erfassen, die den Niedergang des Handwerks verursachen, wobei wir vom einzelnen Handwerke noch absehen. Da ist der gefährlichste Feind der arbeitsvereinigende Betrieb, speziell auf dem Gebiete der Warenerzeugung die Grossindustrie. Diese ist ja den Kleinbetrieben weit voraus: Grosses Kapital und grosser Kredit und durch diese, verbunden mit kaufmännischer und technischer Bildung, Vorteil beim Einkauf der Rohstoffe bezüglich Qualität und Preis und der Möglichkeit der Benützung jeder günstigen Konjunktur; vorteilhafteste Technik mit bedeutender Verringerung der relativen Kosten, also mit billigen Produkten; kaufmännische Leitung, nationaler und internationaler Handel und damit Ausnützung der Marktlage zum Absatz der

---

andererseits damals (1494) eine ähnliche wirtschaftliche Umwälzung stattfand, wie in unserem Jahrhundert:
„Kein Handwerk steht mehr in seinem Wert,
Es ist alles übersetzt, beschwert,
Der Knecht Meister werden will,
Es sind in allem Handwerk viel,
Mancher zur Meisterschaft sich kehrt,
Der nie ein Handwerk hat gelehrt;
Einer dem andern nimmt das Brot
Und bringt sich selbst damit in Not."
(SEBASTIAN BRANT, Narrenschiff.)
Vgl. auch eine Klage aus dem Anfange unseres Jahrhunderts (1820) in den österreichischen „Untersuchungen" S. 421: Die Zahl der Schneidermeister ist auf das höchste übersetzt, dass fast nicht möglich sein wird, einer wegen den andern zu leben; ... und der grösste Teil der Zunft muss sein Leben elendig durchbringen"; auch hier sind hauptsächlich die Pfuscher schuld.

[1] SCHMOLLER a. a. O. S. 660.

Produkte ohne Rücksicht auf den Bedarf der mehr oder minder unmittelbaren Umgebung. Alles dies fehlt auch den grossen handwerksmässigen Betrieben, die sich vom kleinen Handwerksbetrieb nur durch die grössere Zahl der Gehilfen und bisweilen noch durch eine etwa dadurch ermöglichte bessere Arbeitsteilung unterscheiden; sie bleiben daher auch immer — wenn auch grosse — handwerksmässige Betriebe.

Die Voraussetzungen der Grossindustrie sind teils rechtliche: die Freiheit der Gründung solcher Unternehmungen; teils persönliche: technische und kaufmännische Fähigkeiten und Unternehmungsgeist; teils wirtschaftliche: grosses Kapital und die Möglichkeit grossen (nicht immer Massen-)Absatzes; teils technische, die wir des Näheren unten bei Besprechung der einzelnen Betriebsformen erörtern werden.

Die Grossbetriebe sind entweder Maschinenbetriebe — und diese bezeichnet man vorzüglich als „Fabrik" (im engeren Sinne) — oder Verlagsbetriebe oder (wenn auch seltener) Manufakturen, die mit dem grossen Handwerksbetriebe die meiste Aehnlichkeit besitzen.

Unter den Maschinen der Grossindustrie werden nicht einfache Maschinen (z. B. Nähmaschine), sondern nur mit motorischer Kraft betriebene verstanden. Natürlich kann nicht jeder Artikel mit ihnen hergestellt werden. Das ist der Fall vor allem bei jenen Produkten, die aus sehr zahlreichen Teilen bestehen und bei denen die Zusammensetzung dieser Teile immer, bisweilen auch die Herstellung aller oder einzelner Teile, der Handarbeit vorbehalten bleibt (z. B. Schneiderei[1], Wagenerzeugung); bei andern Gegenständen wieder ist eine Maschine noch nicht erfunden oder doch nicht in solcher Weise, dass ihre Benützung rentabel wäre. Die Maschine erzeugt ferner nur Massenprodukte und kann also auch dort nicht verwendet werden, wo die Ware nach gewissen individuellen Rücksichten, nur in geringer Menge und nur periodisch abgesetzt werden kann.

Der verlagsweise Grossbetrieb ist die Warenerzeugung durch Heimarbeiter, denen der Unternehmer nur das mehr oder minder vorbearbeitete Material zur Fertigstellung der Ware ausserhalb seiner Betriebsstätte übergiebt. Diese Art des Grossbetriebes erfordert eine technische Möglichkeit der Dezentralisation der Produktion, der Erzeugung der Produkte mit geringen technischen Hilfsmitteln (Handwerkszeug, Nähmaschine etc.) und mit nicht zu grosser persönlicher Tüchtigkeit des Heimarbeiters, da dessen geringer Lohn ihm ein viel und daher minder gutes Arbeiten zur Notwendigkeit macht;

---

[1] S. österreichische „Untersuchungen" S. 464.

ferner das Finden genügender Arbeitskräfte, was hier meist grössere Schwierigkeiten als für die Fabrik bereitet. Die Notwendigkeit des Massenabsatzes ist trotz dessen Vorteils nicht vorhanden; mit geringem Kostenaufschlage ist es hier sogar möglich — allerdings nur schablonenmässig — individualisierte Bedürfnisse zu befriedigen [1].

Der Verlag ist eine alte grossindustrielle Betriebsform und war selbst noch in der ersten Hälfte unseres Jahrhunderts die wichtigste. Aber auch nach Aufkommen der Maschinenarbeit verstand es der Verlag selbst dort, wo die Maschine wesentlich billiger arbeitete als es durch Handarbeit geschehen konnte, durch die höchste Ausbeutung der Heimarbeiter durch niedrige Löhne, anderseits auch durch ausserordentliche Verringerung der eigenen Regiekosten sich noch lange Zeit konkurrenzfähig zu erhalten, wie es z. B. die Geschichte der Weberei zeigt. Das bedeutet also wohl eine Konservierung der Technik des Handwerks unter Verhältnissen, wo sie schon jede wirtschaftliche Berechtigung verloren hat, aber eine Konservierung, welche aus den ehemaligen Handwerkern Proletarier gemacht hat. Andererseits ist es wieder der Verlag, welcher auch dort, wo die Maschine mit der Handarbeit zu konkurrieren ausser stande ist, gleichfalls ohne Veränderung der Technik den grossindustriellen Betrieb ermöglicht. Abgesehen nun von der dadurch bewirkten grossindustriellen Konkurrenz bedeutet der Verlag aber auch für die verlegten Handwerker einen sozialen Niedergang, da mit dem Verlag nicht nur notwendig der Verlust der Selbständigkeit der Verlegten, sondern regelmässig auch deren Proletarisierung verbunden ist. Endlich kann der Verlag auch im kleinen Massstabe, wo er als grossindustrieller Betrieb nicht angesehen werden kann, betrieben werden. Der Unterschied ist jedoch lediglich ein quantitativer infolge verschiedener Zahl der beschäftigten Heimarbeiter oder verschiedener Intensität ihrer Beschäftigung; sonst ist die Betriebsform im Prinzipe die gleiche.

Die Manufaktur endlich ist die Vereinigung einer grossen Zahl von Arbeitern auf einem Arbeitsfeld, auf welchem diese ganz oder grösstenteils mit der Hand ihre Arbeit verrichten. Diese Form des Grossbetriebes ist die seltenste, weil kostspieligste, und wird sich nur dort finden, wo die Voraussetzungen des Grossbetriebes vorhanden, ohne dass eine der vorgenannten Formen durchführbar ist, z. B. in der Porzellanmalerei, Steinmetzerei.

---

[1] S. österreichische „Untersuchungen" S. 70, 431.

Die wirtschaftliche Einbusse, die das Handwerk durch die Grossindustrie erleidet, wird ihm durch die Konkurrenz verursacht. Diese kann in verschiedener Form auftreten und zwar dadurch, dass die Grossindustrie:
1. billigere Waren von mindestens gleicher Qualität,
2. bessere Waren um gleichen Preis,
3. billigere Waren von geringerer Qualität,
4. Waren herstellt, welche das Handwerk nicht erzeugen kann oder doch wenigstens nicht erzeugt,
5. Waren aus Material hervorbringt, das bisher nicht gebraucht wurde; sei es besseres als das bisher verwendete (Email-Blech gegenüber dem gewöhnlichen Blech) oder aber Surrogat (Celluloid oder Kautschuk gegenüber Horn). Endlich besteht
6. die Konkurrenz durch Waren von gleicher Qualität und gleichem Preise. Ist auch hier die Grossindustrie dem Handwerke nicht schon durch die Ware an sich überlegen, so wird sie es doch in hohem Grade durch ihre ganze Organisation.

Allein so mannigfacher Art diese Konkurrenz auch ist, so wäre sie doch räumlich im höchsten Grade beschränkt und schon dadurch zum Teile unmöglich, zum Teil von nur geringer Wirkung, wenn sie sich nicht verbände mit dem zweiten gefährlichen Gegner des Handwerks: dem Handel. Durch diesen erst wird die Konkurrenz über das nächste territoriale Gebiet hinausgetragen und bis in die entlegensten Gebiete der Volkswirtschaft geleitet, soweit bis sie eine Grenze findet an staatlichen Massnahmen (Zölle, Prohibition) oder bis die Transportkosten den Preisvorzug der Grossindustrie aufheben. Eine andere — sehr nahe — Grenze besteht für jene Produkte, welche einen grösseren Transport überhaupt nicht zulassen, sei es dass ihre Natur einen solchen nicht verträgt (Produkte der Metzgerei etc.) oder dass er zu ihrem niedrigen Werte in besonderem Missverhältnis steht. Dazu bewirkt der Handel eine Intensifikation der Konkurrenz, auch ohne Raumübertragung, durch Magazine, Schauläden, Reklame etc., die der mit ihm verbundenen Grossindustrie selbst dann den Vorrang vor dem Handwerk sichern, wenn er ihren Produkten weder bezüglich der Qualität noch des Preises zukommt. Natürlich haben wir es hier nicht bloss mit dem Grosskaufmann zu thun, sondern mit dem Kaufmann in allen seinen Grössenabstufungen bis herab zum Gemischtwarenverschleisser und Hausierer. Je besser organisiert dieser Handel in einer bestimmten Volkswirtschaft ist, desto weiter werden natürlich diese Wirkungen reichen. Auch für ihn sind gleiche rechtliche, persönliche und wirtschaftliche Momente massgebend wie oben bei der Grossindustrie hervorgehoben, und als technische Voraussetzungen treten insbesondere Verkehrsmomente hervor: Eisenbahnen, Strassen, Märkte etc. Aus der Verschiedenheit nun, in welcher der Handel die Produkte der Grossindustrie in den Verkehr bringt, ergiebt sich ein verschiedenes Mass von Konkurrenz und damit von schädigender Einwirkung auf das Handwerk. Das tritt besonders scharf hervor bei den Exportbetrieben. Man sollte glauben, dass an dem ihrem Erzeugungsorte nächstgelegenen Absatzgebiete ihre Konkurrenz am stärksten ist, weil hier die Produkte infolge Ersparung beim Transport und an anderen Kosten am billigsten abgegeben werden könnten; allein da diese durch den Handel nicht diesem Gebiete, sondern dem Export zugeführt werden, so ist die Konkurrenz und Einwirkung dieser Betriebe faktisch nur gering. So wurde auch bei der Expertise über das Schuhmachergewerbe[1] in Wien 1890 von einem Experten bemerkt: „Es ist noch ein Wunder zu nennen, dass gerade in Oesterreich das Kleingewerbe (gemeint ist speziell das Schuhmacherhandwerk) sich so lange erhalten hat. Würden sich die grossen Fabrikanten früher auf den lokalen Markt geworfen haben, anstatt immer hinaus zu arbeiten, so wäre es noch schlimmer geworden." Die Gefährlichkeit der Konkurrenz wächst auch sofort, sobald der Handel sich mit den Produkten der Exportindustrieen auch des lokalen Marktes zu bemächtigen sucht[2]. Hängt nun aber die Konkurrenz der Grossindustrie wesentlich vom Handel ab, so folgt daraus die verschiedene Lage des Handwerks ihr gegenüber je nach der verschiedenen Handelsorganisation im Staate und in den Provinzen, in der Stadt und auf dem flachen Land. Es wird in dieser Hinsicht für das Handwerk auf dem Lande eine günstigere Position bestehen, und seine Existenz wird überhaupt um so gesicherter sein, je niedriger (bei einem gewissen Entwicklungsgrad der Volkswirtschaft) der Stand des Handels ist.

Man wird bemerken, dass, soweit bisher von Grossbetrieben gesprochen wurde, nur die „Waren" erzeugende Grossindustrie, also lediglich die Produktionsgewerbe (Gewerbe der Warenerzeugung) betrachtet wurden. Ist aber bei diesen die besondere Gefährdung durch die Konkurrenz in dem die räumliche Beschränkung überwindenden Handel begründet, so folgt notwendig daraus, dass in jenen Gewerben, in denen ein Handel mangels „Waren" nicht

---

[1] Protokoll S. 60.
[2] Eine Illustration hiezu liefert KLEINWÄCHTER in den österreichischen „Untersuchungen" S. 364 f.

stattfinden kann, die Konkurrenz des Grossbetriebes eben wegen der engen territorialen Begrenzung ihrer Wirkungssphäre nicht so gefährlich sein kann wie in den Produktionsgewerben. Das ist nun der Fall bei jenen Gewerben, welche keine Ware, sondern nur Arbeit liefern (in denen also nur im Lohnwerk gearbeitet werden kann), ich will sie **Arbeitsgewerbe** nennen z. B. Malerei, Baugewerbe u. s. w. Diese räumliche Beschränktheit ist zwar wieder für die einzelnen Gewerbe verschieden, zieht aber immer zugleich der Grösse der Betriebe ziemlich enge Grenzen. Da nun unter sonst gleichen Verhältnissen der grössere Betrieb notwendig auch der gefährlichere Konkurrent ist, so ist schon dadurch dem Kleinbetriebe bei den Arbeitsgewerben ein Vorteil im Konkurrenzkampfe gegeben im Vergleiche zu den Gewerben der ersten Gruppe. Dazu kommt, dass die günstige Stellung, die der Grossindustrielle bei diesen infolge seines Kapitalbesitzes beim Einkauf der Rohstoffe und beim Absatze hat, hier bedeutend und oft gänzlich zurücktritt. Damit ist natürlich nicht gesagt, dass das Kapital hier nicht sonst von Nutzen sei; aber erstrecken sich auch dessen Vorteile noch immer auf die Möglichkeit der Verwendung von Maschinen, besserer Technik, besserer Arbeitskräfte, Sicherheit gegenüber Krisen etc., so bilden diese Momente hier wegen der Beschränkung des „Absatzes" nicht immer einen Vorteil, und damit tritt auch das Arbeits- gegenüber dem Kapitalmomente nicht mehr so stark zurück. Allerdings werden diese Verhältnisse mannigfach dadurch verdunkelt, dass Produktions- und Arbeitsgewerbe mit einander verbunden sind. Diese beiden Momente, die enge Begrenzung der Betriebsgrösse und das Zurücktreten der Bedeutung des Kapitals, sichern in den Arbeitsgewerben die Existenz der Kleinbetriebe, und, da die Thätigkeit in diesen regelmässig eine handwerksmässige ist, damit auch das Handwerk. Zwar wird auch hier der grössere Handwerksbetrieb infolge seines Kapitals und seines grösseren Absatzes eine festere Existenz haben als der kleinere, allein er bleibt doch immer „Handwerk", solange die Maschine die Handarbeit nicht verdrängt hat; das aber ist bei diesen Gewerben zum Teil unmöglich, z. B. bei den Bauarbeiten, zum Teil unrentabel, z. B. für Buchbindereien in kleinen Orten. Dabei bleibt natürlich die Frage offen, ob der einzelne Handwerker auch immer genügende Beschäftigung findet, um davon leben zu können, eine Frage, die in der Praxis leicht dadurch verneint werden kann, dass hier ein Arbeiten auf Lager unmöglich ist, mithin ein zeitweises Ausbleiben von Bestellungen an sich den völligen Verlust dieser Zeit zur Folge hat, der nicht immer durch die sonst vorhandenen Bestellungen wird eingebracht werden können.

Unter die Arbeitsgewerbe gehört auch das Reparaturgewerbe. Trotzdem hat der Grossbetrieb auch hier schädigend eingegriffen und zwar dadurch, dass erstens die Billigkeit der Produkte eine Reparatur oft nicht mehr ökonomisch erscheinen lässt und zweitens bei der schlechten Qualität mancher billigen Fabrikware eine solche überhaupt nicht möglich ist. Gegenüber direkten Eingriffen der Grossbetriebe in diese „Domäne des Handwerks" durch Selbstausführung der Reparaturen bestehen aber natürlich die den Arbeitsgewerben im allgemeinen gezogenen Grenzen. Ueberdies ist die Maschine bei Reparaturgewerben wegen der fast ausnahmslos erforderlichen Individualisierung nicht verwendbar (Ausnahme etwa Neubesohlen von Schuhen) und selbst in den Ausnahmsfällen höchst selten rentabel. Die Notwendigkeit der Individualisierung wäre kein Hindernis für den Verlagsbetrieb, aber eben wegen der erwähnten räumlichen Beschränktheit seiner Wirksamkeit bleibt die Rentabilität der Organisation zu diesem Zwecke ausser in grösseren Städten sehr fraglich; und eben dasselbe gilt bezüglich der Manufakturen, wofür die in grossen Städten vereinzelt bestehenden Uhrenreparaturanstalten ein Beispiel geben. Die gesamte Einwirkung der Grossindustrie ist denn auch nicht so bedeutend, dass nicht trotzdem noch ein sehr weites Gebiet der Reparaturgewerbe dem Handwerk erhalten und gesichert bliebe.

Man könnte leicht versucht sein, das Kunstgewerbe deshalb, weil hier die Wichtigkeit der Arbeit überwiegt, unter die Arbeitsgewerbe zu rechnen, und in der That wird ja vielfach dasselbe als Rettung des Handwerks gepriesen. Nun sehen wir aber, dass Leder-, Bronze- und Eisenkunstware vom maschinellen Grossbetrieb erzeugt werden und dass auch die Hausindustrie, z. B. die Glasquincaillerie in Nordböhmen, sich dieses Zweiges gewerblicher Thätigkeit bemächtigt hat. Erzeugungen von Massenartikeln sind eben auch hier unter die Produktionsgewerbe einzureihen. Es bliebe also als Arbeitsgewerbe höchstens jene künstlerische Arbeit übrig, die ohne Massenartikel zu erzeugen dennoch unter die gewerbliche Thätigkeit fallen würde. Das wäre zwar strenge genommen nicht mehr unter den Begriff der Handwerksmässigkeit zu subsumieren, aber ein kleiner kunstgewerblicher Betrieb wäre doch immer in seiner Verfassung einem Handwerksbetriebe am ähnlichsten. Nun müsste aber auch hier auf Lager gearbeitet werden, da ja Bestellungen nicht ununterbrochen laufen und der Konsument oft aus dem Lager wählen und nicht die Realisierung seines Auftrages erst abwarten will. Werden mithin auch in diesem Betriebe „Waren" erzeugt, so fällt auch dieser Teil des

Kunstgewerbes unter die Erzeugungsgewerbe und damit unter die schwerere Konkurrenz der Grossbetriebe. Maschinenverwendung ist zwar in dem eben besprochenen Teile des Kunstgewerbes unmöglich. Auch der Verlag wird nicht häufig sein, weil die Abhängigkeit vom Kapitalisten hier nicht leicht eine vollständige wird, und andererseits der Grossbetrieb die durch Vereinigung der Arbeiter in der Fabrik auflaufenden, mit Rücksicht auf die hohen Löhne und die sonstigen Erfordernisse geringen Kosten nicht scheut und auch die Dezentralisation der Betriebe sich nicht immer als praktisch darstellen wird. Aber gerade hier ist die Manufaktur die zweckmässigste Form des Grossbetriebes. Der Kleinbetrieb wird also bezüglich der Qualität und wohl auch des Preises nicht im Nachteil sein, er ist es aber bezüglich des Absatzes, da der Grossbetrieb durch Reklame, glänzende Geschäftsräumlichkeiten, sehr grosses Lager und durch seinen ganzen kaufmännischen Apparat so sehr im Vorteil ist, dass selbst ganz besondere Qualität der Leistung sich ihm gegenüber ohne kräftige Kapitalsfundierung des Kleinbetriebes, die diesem eine ähnliche Organisation des Absatzes ermöglicht, nicht immer wird Geltung verschaffen können; dazu kommt, dass der Kleinbetrieb sich den rasch wechselnden Modebedürfnissen nicht leicht, und selten ohne grösseren Schaden anzupassen imstande ist. Der Mangel an Absatz wird den kleinen Unternehmer aber zwingen, sich mit dem Händler in Verbindung zu setzen und die Abhängigkeit von diesem bedeutet ja das mehr oder minder vollständige Ende der selbständigen Unternehmerthätigkeit. Bedenkt man ferner, dass das Kunstgewerbe, soweit es nicht mit sehr niedrigen Preisen arbeitet — und das ist eben meist nur bei Fabriksware möglich — nur in grösseren Städten, und auch in diesen nur in beschränktem Umfange, Absatz findet, dass ferner ja nicht in jedem Handwerke künstlerische Vervollkommnung möglich ist und noch weniger jeder Handwerker die hiezu erforderliche Anlage und Fähigkeit besitzt, so wird man das Kunstgewerbe auch nicht als Rettung des Handwerks bezeichnen können.

Aus der Verschiedenheit, mit welcher die Konkurrenz der Grossbetriebe gegenüber den handwerksmässigen Warenerzeugungs- und Arbeitsgewerben auftritt, ergiebt sich folgendes: Erstens wird nur bei den ersteren die Wirkung der Konkurrenz weit über den Standort hinausgetragen und dadurch für ein grosses Gebiet, in der Regel mindestens das ganze Staatsgebiet, auf das betroffene Handwerk, soweit der Handel reicht, eingewirkt; innerhalb dieses Gebietes bestehen Verschiedenheiten der Einwirkung nur infolge Verschiedenheit der Handelsorganisation. Die Grossbetriebe der Arbeitsgewerbe hingegen wirken überwiegend nur auf ein beschränktes Gebiet, oft nicht einmal für eine ganze Stadt. Dadurch ist zweitens nur bei den ersteren der Standort vom Absatz unabhängig, während für die letzteren ein Grossbetrieb nur in Orten, die einen grösseren Absatz sichern, also meist nur in grösseren Städten, entstehen kann; das Handwerk auf dem Lande könnte dann nur bei grösserer Nähe der Stadt davon getroffen werden.

Trachten wir nun je nach den oben erwähnten sechs Formen, in welchen die Konkurrenz der Grossindustrie auftritt, ihre Folgen zu erforschen. Wir haben dabei unterschieden:

1. und 2. Produktion von billigerer Ware von mindestens gleicher Qualität und besserer Ware um gleichen Preis. Es ist klar, dass hier das Handwerk unbedingt verdrängt wird, sobald die Konsumenten diese Vorzüge kennen lernen; nur als Provisorium kann ihm infolge persönlicher Beziehungen oder aus Abneigung gegen Fabriksware die Kundschaft treu bleiben. Der Vorzug der Billigkeit ist es auch, infolge dessen der Grossbetrieb noch in anderer Weise wenn auch ohne Konkurrenz in bedeutendem Masse die Kundschaft, und zwar seine eigene, den kleinen Betrieben (bezw. auch anderen Grossbetrieben) entzieht. Statt nämlich eine von ihm für seinen Absatz in grösserer Menge nötige Ware, die nicht Gegenstand seiner Produktion ist, vom Erzeuger zu beziehen, richtet er sich selbst als Hilfsbetrieb eine Erzeugung (Fässer für Brauereien, Kartons für Knopffabriken etc.) ein. Das hat vor allem den Vorzug grosser Billigkeit und überdies den, dass diese Arbeit bei der Hand ist und jederzeit nach Bedarf ohne Rücksichtnahme auf fremde Bedürfnisse zur Verwendung gebracht werden kann; andererseits werden aber dadurch selbständige Betriebe verdrängt. Es vollzieht sich die „Angliederung des Handwerks an die Hauptunternehmen"[1].

3. Produktion von billigerer Ware von geringerer Qualität; diese muss dem Handwerke die Kundschaft so weit entziehen, als diese Qualität ihrem Bedarfe genügt oder mit Rücksicht auf ihre Mittel genügen muss. Dadurch wird ihm also der minder kaufkräftige Konsumentenkreis entfremdet, der aber gerade die grosse Masse bildet, und es bleiben ihm demnach nur diejenigen erhalten, die nur bessere Ware verbrauchen. Dieser Qualitätsvorzug der Handwerksware kann entweder im Material liegen oder in der Arbeit.

---

[1] Bücher auf der Generalversammlung des Ver. f. Sozialp. 1897, Schriften des V. f. S. Bd. LXXVI S. 27.

Bei jenen Waren ferner, die dem Individuum „angepasst" werden (Kleider, Schuhe etc.) liegt er eben in dieser vollständigen Anpassung, die ja von der Maschine überhaupt nicht, und wenn auch im Verlage, so doch nicht als eigentliche Arbeit des Grossbetriebes, erreicht werden kann. Ebendasselbe ist der Fall bei sonstigen individuellen Bedürfnissen nach einer Ware. Die individualisierte Ware ist also ein Gebiet, in das im allgemeinen die Grossindustrie nicht eindringen kann.

4. Ware, die das Handwerk nicht erzeugen kann oder doch wenigstens nicht erzeugt. Dabei ist die Erzeugung dieser Waren durch die Grossindustrie entweder die Folge einer bereits eingetretenen Bedarfsverschiebung (Bedarf an Eisenbahnwagen und Lokomotiven an Stelle der alten Postwagen etc.) oder aber sie wird erst selbst Ursache einer Bedarfsverschiebung, indem sich die Konsumenten diesen bisher nicht erzeugten Artikeln zuwenden. Dadurch vermindert sich der Konsum an den Handwerkswaren, die bisher zur Deckung dieses Bedarfes allein herangezogen worden waren. (Solange z. B. die Taschenmesser aus der Klinge und einfachen Schalen bestanden, war es das Handwerk, welches den Bedarf an Taschenmessern voll befriedigte. Sobald aber die Grossindustrie die mannigfaltigsten Arten von Taschenmessern auf den Markt brachte, konnte der Bedarf durch die alte einfache Handwerksware nicht mehr befriedigt werden und ihr Konsum musste in dem Grade abnehmen, in welchem nunmehr jene Waren zur Bedürfnisbefriedigung herangezogen wurden.) Ob und in welchem Masse dies geschieht, richtet sich nach den unter 1., 2. und 3. gegebenen Grundsätzen. Eben dasselbe ist der Fall bei

5. Waren aus Material, das bisher nicht gebraucht wurde. Schliesslich

6. bei Waren von gleicher Qualität und gleichem Preise liegt der Vorsprung der Grossindustrie vor dem Handwerk nicht in der Ware selbst, sondern lediglich in seiner kaufmännischen Organisation; wo diese nicht besonders entwickelt ist, wird sich hier das Handwerk gleichfalls erhalten können.

Fassen wir das Gesagte kurz zusammen, so können wir sagen, dass die Grossindustrie im Konkurrenzkampfe vollständig siegt, wenn und soweit ihre Ware billiger oder besser ist, und dass das Handwerk im allgemeinen gesichert ist, wenn es ebenso billig und zugleich ebenso gut oder besser produziert.

Für die Arbeitsgewerbe wird sich die Konkurrenz der Grossbetriebe in analoger Weise, immer natürlich nur innerhalb der

engen territorialen Grenzen äussern. Wir haben hier zu unterscheiden:
1. Billigere Arbeit von gleicher Qualität.
2. Bessere Arbeit um gleichen Preis. In beiden Fällen erfolgt die Verdrängung der kleinen Betriebe. Zur Lieferung besserer oder billigerer Arbeit wird aber der Grossbetrieb regelmässig dadurch in der Lage sein, dass er tüchtigere Hilfskräfte heranzuziehen sowie Hilfsmittel zu verwenden imstande ist, deren Anschaffung mit grösseren Kosten verbunden ist und sich daher für den kleinen Betrieb gar nicht rentieren könnte. Auch hier hält sich der Grossbetrieb für einzelne Arbeiten, die nicht eigentlicher Gegenstand des Hauptbetriebes sind, eigene Arbeiter im Hilfsbetrieb.

3. Billigere, aber schlechtere Arbeit; diese wird in der Regel auch der Kleinbetrieb liefern können, befindet sich demnach darin regelmässig nicht im Nachteil. Hingegen fällt bei den Produktionsgewerben sein Vorzug der leichten vollständigen Individualisierungsmöglichkeit deshalb fort, weil hier jede Arbeit individualisiert werden muss.

4. Eine neue Arbeit wird bei den Arbeitsgewerben nicht durch den gleichartigen Grossbetrieb, sondern durch das Eindringen grossindustrieller Produkte bewirkt, z. B. Anbringen von Tapeten statt des bisherigen Malens; die Frage der Verdrängung löst sich in diesem Falle nach den unter 1., 2. und 3. gegebenen Grundsätzen; natürlich erstreckt sich hier eine etwaige Verdrängung nicht nur auf die kleinen, sondern auch auf die Grossbetriebe des betreffenden Gewerbes. Ganz das Gleiche gilt auch

5. wo die Verwendung neuen Materials zugleich neue Arbeit erfordert z. B. Asphaltieren statt Pflastern, Verwendung von Dachpappe statt Schiefer.

6. Bei Arbeit von gleicher Qualität und gleichem Preise ist der Grossbetrieb deshalb im Vorteil, weil nur er umfangreichere Arbeiten übernehmen, sie korrekter und schneller durchführen kann, das Vertrauen des Publikums zu ihm grösser ist und er auch durch seinen bekannteren Namen leichter Kundschaft erhält.

Darnach können wir also auch bei den Arbeitsgewerben sagen, dass der Grossbetrieb siegt, soweit er besser oder billiger arbeitet, dass aber das Handwerk selbst unter diesen Voraussetzungen unberührt bleibt, soweit es ausserhalb der Wirkungssphäre des Grossbetriebes liegt. Eine vollständige Verdrängung des Handwerks ist überhaupt nur in den unter 4. und 5. gegebenen Fällen möglich. Damit ist aber gesagt, dass für den grössten Teil der Arbeitsgewerbe das Handwerk als Betriebsform gesichert erscheint. Ob diese auch allen Meistern den standesgemässen Unterhalt werden zu bieten vermögen, lässt sich so allgemein überhaupt nicht beantworten. Wird in den Arbeitsgewerben ein Handwerk verdrängt, so vollzieht sich dies dadurch, dass ihm seine ganze Thätigkeit entzogen wird. Es bleibt ihm auch nicht eine einzige Teilfunktion übrig. Ebendasselbe ist bei jenen Produktionsgewerben, deren Thätigkeit in der Warenerzeugung sich erschöpft, dann der Fall, wenn über sie die Fabriksware siegt (z. B. bei den Nagelschmieden oder Webern). Da aber die durch die Konkurrenz der Grossindustrie erfolgende Verdrängung sich auf die Warenproduktion beschränken muss, so muss an dem Produktionsgewerbe alles, was darüber hinausgeht, d. h. alles, was daran Arbeitsgewerbe ist, intakt bleiben. Als Vollhandwerk hört dann das ehemalige Produktionsgewerbe jedenfalls auf zu bestehen und es muss sich mit Resten seiner früheren Thätigkeit begnügen. Von welchem Umfange und welcher Art diese sind, wird verschieden sein nach dem speziellen Gewerbe, oft allerdings bleibt nicht mehr übrig als die Reparaturarbeit. Die Reduktion der Thätigkeit des Handwerkers kann sich aber auch so vollziehen, dass die Fabrik nicht das ganze Produkt, sondern nur Teile desselben herstellt, und dem Handwerk nur dessen Fertigstellung überlässt. Das wird dann eintreten, wenn der Grossindustrie zwar nicht die vollständige Herstellung, wohl aber die Teilfabrikation vorteilhaft erscheint und sie deshalb nur mit dieser in Konkurrenz tritt. Von einer Konkurrenz im gewöhnlichen Sinne allerdings kann hier nicht gesprochen werden, denn Handwerk und Fabrik stellen ja Verschiedenes (fertiges Produkt, Teilfabrikat) her und auch der Konsumentenkreis ist ein verschieden gearteter. Allein die Frage ist hier doch die, ob der Handwerker sich auch weiterhin dieses Teilprodukt selbst herstellt oder ob er es aus der Fabrik beziehen will. Die Entscheidung wird er nach den oben gegebenen Grundsätzen über Preis und Qualität fällen, wobei natürlich das Streben, an seiner eigenen Produktion festzuhalten, ein sehr grosses sein wird. Man hat in dieser Arbeitsteilung zwischen Handwerk und Grossbetrieb eine Förderung des ersteren sehen wollen. Das ist es auch anfangs wenigstens für einzelne Meister, solange diese den Teil in der Fabrik billiger einkaufen als sie ihn selbst erzeugen könnten, und für die Ware trotzdem den alten Preis erhalten. Dieser ist aber auf die Dauer bei grösserer Verringerung der Selbstkosten nach allgemeinen ökonomischen Grundsätzen nicht haltbar, er muss mindestens soweit sinken, bis der relative Gewinnst ein gleicher ist mit dem früheren, der absolute (am einzelnen Stück) durch Wegfall des Arbeitslohnes für das von der Fabrik bezogene Teilprodukt mithin geringer wird. Das Streben, das Einkommen mindestens auf dem alten Stande zu erhalten, wird eine Produktionssteigerung veranlassen, die umso leichter sich vollziehen wird, als ein Teil der früheren Arbeit vom Grossbetrieb übernommen wurde. Aus gleichen Gründen wird eine Produktionssteigerung auch dann erfolgen, wenn der Handwerker sich veranlasst sieht, ein Teilfabrikat von der Grossindustrie deshalb zu beziehen, weil es besser ist. Die Produktionsausdehnung des einzelnen Betriebes hat aber immer zur ökonomischen Voraussetzung die Vergrösserung des Absatzes. Diese aber kann sich — abgesehen von etwaiger Konsumzunahme infolge niedrigerer Preise oder besserer Qualität, die übrigens auch durch Zunahme der Unternehmerzahl paralysiert werden kann — nur auf Kosten anderer gleichartiger Handwerksbetriebe vollziehen. Sie bedeutet mithin eine Minderung in der Zahl jener, denen das betreffende Handwerk als Meistern einen standesgemässen Unterhalt zu gewähren vermag, und damit immer eine Schädigung des Handwerks, das überdies in Abhängigkeit kommt von der Grossindustrie und diese als Konsument nun auch noch fördern muss. Auch in dem Falle, wo die Grossindustrie die Ware gänzlich fertigstellt, kann diese Abnahme von Fabriksware durch den Handwerker erfolgen, indem dieser mit dem übriggebliebenen blossen Arbeitsgewerbe einen Handel mit Fabriksware verbindet, der einen Ersatz bilden soll für die ihm abhanden gekommene Warenerzeugung.

Eine Reduktion der Thätigkeit des Handwerks kann sich noch in anderer Richtung in der Weise vollziehen, dass die Fabrik nur bezüglich einzelner seiner Erzeugnisse erfolgreich konkurriert, sei es, dass sie nur diese oder doch nur diese mit den erforderlichen Vorzügen erzeugt. Auch das bedeutet eine Schwächung des betroffenen Handwerks, und wie weit dieses mit den Resten: der Erzeugung der übriggebliebenen Artikel, dem verbleibenden Arbeitsgewerbe und einem etwa zugleich betriebenen Handel mit Fabriksware fortbestehen kann, lässt sich nur nach seiner besonderen Natur und Art im einzelnen Falle entscheiden.

Gegenüber dieser zwangsweisen Beschränkung des Handwerks auf eine geringere Zahl von Artikeln kann der Handwerker in freiwilliger Beschränkung noch weiter gehen, indem er Spezialist wird. Dadurch kommen ihm technische Vorteile zu, wie die Möglichkeit der Maschinenverwendung und -ausnützung und bessere Arbeitsteilung, so dass er hier leicht in den Stand kommen kann, die Vorteile der

Grossindustrie bezüglich der Ware selbst zum grossen Teile wettzumachen. Allein vor allem braucht er genügenden Absatz, den der kleine Gewerbsmann regelmässig doch nur in dem Masse hat, als ihn der Konsum am Standorte und höchstens noch infolge Besuches von Märkten in einer im Verhältnis zum Grossbetriebe jedenfalls beschränkten Umgebung bedingt. Für einen Spezialbetrieb, der notwendig immer in Mengen erzeugen muss, wird dieser Konsum naturgemäss nur selten, etwa in sehr grossen Städten, ausreichen. Nur der kapitalkräftige und kaufmännisch genügend befähigte kleine Spezialist wird selbständig seinen Konsumentenkreis genügend erweitern können, und für diesen wieder liegt die Versuchung der Ueberführung des Betriebes in einen kleinen Grossbetrieb sehr nahe. Für die anderen, die sich ihren Absatz selbst nicht zu schaffen vermögen, bleibt nichts übrig, als sich an den Kaufmann zu wenden, und damit ist der Anfang vom Ende ihrer Selbständigkeit gemacht. Ist also der Spezialbetrieb durch Verwendung jener vollkommenen Technik schon oft aus dem Rahmen des Handwerks ausgeschieden, so ist insbesondere der spezialistische Kleinbetrieb auf die Dauer als selbständiges handwerksmässiges Unternehmen nur selten zu erhalten.

Fassen wir nun die Wirkungen zusammen, die der Sieg der Grossindustrie für das einzelne Handwerk haben kann:

I. Das Handwerk geht völlig zugrunde. Das ist der Fall
   a) bei den reinen Produktionsgewerben, wenn sich der Sieg auf alle ihre Produkte erstreckt;
   b) bei den Arbeitsgewerben, insofern hier die vollständige Verdrängung eines einzelnen Gewerbes erfolgt.
II. Das Handwerk (und zwar ist dies nur bei den Erzeugungsgewerben möglich) geht teilweise unter, erhält sich demnach auch teilweise:
   a) Die Grossindustrie entzieht ihm einzelne Produkte ganz, lässt ihm aber die anderen vollständig. Das ist der Fall, soweit
      α) die Grossindustrie zunächst die anderen Artikel überhaupt nicht oder doch nicht mit genügenden Vorzügen herstellt, und das letztere ist insbesondere der Fall, wo
      β) eine Individualisierung der Ware möglich und vom Konsumenten gewünscht ist; oder
      γ) die Qualität der Handwerksware vom Grossbetrieb überhaupt nicht oder doch nicht um geringeren Preis hergestellt werden kann. Die Beschränkung der Zahl der erzeugten Warenarten kann noch weiter erfolgen

und zwar freiwillig, wenn auch unter dem Druck der Fabrikskonkurrenz,

δ) durch Spezialisierung des Betriebes.

b) Das Handwerk bezieht Teilprodukte von der Grossindustrie.

c) Die Grossindustrie entzieht dem Handwerk die vollständige Erzeugung seiner sämtlichen Produkte und lässt es nur soweit bestehen, als es

α) Arbeitsgewerbe ist; und zwar kann diese Thätigkeit oft beschränkt sein auf das

β) Reparaturgewerbe.

III. Das Handwerk bleibt völlig bestehen

a) bei den Arbeitsgewerben, soweit sie nicht unter I b fallen;

b) bei jenen Erzeugungsgewerben, deren Produkte einen grösseren Transport nicht zulassen.

So scharf hier nun auch die verschiedenen Wirkungen der Grossindustrie hervortreten und von einander gesondert erscheinen, so mannigfach verworren sind diese Verhältnisse im Leben. Das zeigt sich besonders dort, wo wir vom völligen Untergang des Handwerks sprachen. Braucht schon dieser Prozess an sich einen längeren Zeitraum, so treten noch vielfach retardierende Momente auf in Gewohnheiten der Konsumenten, Volksbräuchen, persönlichen Beziehungen der Meister etc. So finden sich dann noch vielfach gut gehende Handwerksbetriebe, trotzdem der völlige Sieg der Grossindustrie ganz unzweifelhaft ist. Das wird nun (wie überhaupt das Hervortreten aller obigen Wirkungen) in verschiedenen Gebieten nach der Stärke der Einwirkung des Grossbetriebes einerseits und der Stärke der Widerstandsmomente andererseits in verschiedenem Masse hervortreten, so dass auch zu gleicher Zeit an verschiedenen Orten gänzlicher Untergang und völlige Unberührtheit desselben Handwerks sich zeigen kann. Was speziell die Fälle der teilweisen Verdrängung betrifft, so kann diese nicht nur den Endpunkt der Entwicklung bezeichnen (das ist der Fall bei II a β und γ, c α und β), sondern auch selbst nur ein Uebergangsstadium bedeuten (II a α). Endlich sind alle diese Formen nicht immer von einander geschieden, sie gehen oft in einander über oder kommen gleichzeitig als Wirkung bei demselben Handwerk vor. Nicht selten tritt dann noch der Handel mit Fabriksware hinzu, der die Schädigung durch die grossindustrielle Konkurrenz wieder gutmachen soll und dem Handwerk noch mehr von seiner alten Verfassung nimmt.

III.
Die inneren Schwächen des Handwerks.

Haben wir bisher die Einwirkungen der Grossbetriebe auf das Handwerk kennen gelernt, so wollen wir uns jetzt mit den Schäden beschäftigen, die es aus sich selbst heraus gefährden. Dabei sei zunächst die häufige Erscheinung erwähnt, dass im Verhältnisse zu dem zu deckenden Bedarfe eine allzu grosse Anzahl von Meistern auf dem Platze ist; das hat seinen Hauptgrund darin, dass die die Selbständigkeit Anstrebenden meist nur höchst mangelhafte Kenntnis von der Lage des betreffenden Handwerks haben, so dass eine Vermehrung der Meister auch dann oft eintritt, wenn deren Lage durchaus keine günstige ist und durch die Zunahme der Meister sich daher noch bedeutend verschlimmern muss[1]. Die infolge der zahlreichen zersplitterten Betriebe eintretende scharfe Konkurrenz gelangt alsbald in einer starken Erniedrigung der Preise und in der unvermeidlichen Verschlechterung der Ware oder Arbeit zum Ausdruck. Das gegenseitige Unterbieten hat seinen Grund einerseits in der mangelnden Kalkulationsfähigkeit der Kleinmeister, andererseits darin, dass auch in der Kalkulation die Kosten sich verschieden stellen nach der Bewertung der eigenen Arbeitskraft, die wieder nach dem Stande der Lebenshaltung variiert. Natürlich schädigt dieses Herabdrücken des Preises alle Betriebe, nur trifft es die schwächsten am stärksten. Dazu kommt dann, dass die untergehenden Betriebe im Bemühen, sich auf welche Weise immer Absatz zu verschaffen, auch ihrerseits solange als möglich weiter unterbieten, umsomehr, als es oft den einzigen Weg für sie bedeutet, Barmittel zu erhalten und sich noch für einige Zeit über Wasser zu halten. Das Ende ist schliesslich doch unvermeidlich, und die Kosten dieses Verzweiflungskampfes haben die Handwerksgenossen zu tragen. Und „schlimmer als die unmittelbare Schmälerung des Absatzes durch die Magazine und Fabriken berührt die Gesamtheit der kleingewerblichen Erzeuger die Konkurrenz der zugrundegehenden ... Der Wettbewerb der in ihrer sozialen Stellung sinkenden, kapitallosen Gewerbetreibenden drückt auf die Lage des Gewerbestandes in äusserst nachteiliger Weise"[2]. Da-

---
[1] Vgl. hiezu SCHWIEDLAND, Kleingewerbe und Hausindustrie in Oesterreich, 1894, Bd. I S. 176, II S. 145, bes. S. 152 f.
[2] SCHWIEDLAND a. a. O. I S. 165.

durch gelangt der Preis allmählich auf die niedrigste Stufe, wo selbst ein verhältnismässig starker Absatz kaum hinreicht, eine standesgemässe Handwerkerexistenz zu ermöglichen. Dann ist der Zeitpunkt gekommen, in welchem gewöhnlich der Verlag einsetzt, um diese stark gedrückten Preise, die eine ausserordentlich niedrige Bewertung der Arbeitskraft in sich schliessen, für sich auszunützen. Der Handwerker muss ja, um existieren zu können, die Ware erzeugen und absetzen, aber die infolge der Schleuderpreise unvermeidliche Zunahme der Produktion hat den lokalen Markt vollständig überfüllt. Ein Abfliessen wäre nur durch den Absatz auf grössere Entfernung möglich. Sich aber diesen zu verschaffen, ist der kleine Handwerker mangels Kapitals sowie entsprechender kaufmännischer Fähigkeiten absolut unfähig. Dazu kommt, dass bei der relativ kleinen Menge seiner Erzeugnisse ein weiter Transport wegen der zu grossen auf die Einheit entfallenden Kosten sich gar nicht lohnen könnte, und so bleibt kein anderer Ausweg als der Kaufmann. Aus diesem Gelegenheitsverhältnis entwickelt sich leicht in kurzer Zeit ein ständiges: der Handwerker wird zum Verlagsarbeiter. Je weitere Kreise des betroffenen Handwerks die üble Lage erfasst, desto mehr greift der Verlag auf dessen Kosten um sich. Dazu kommt, dass die Lage der noch selbständig Gebliebenen auch noch dadurch verschlimmert wird, dass der Verleger durch seine niedrigen Kosten und seine infolge dessen billigen Preise sehr gefährliche Konkurrenz macht. Ebenso übernehmen die zahlreichen Heimarbeiter sehr gerne Kundenarbeit zu niedrigeren als den gewöhnlichen Handwerkspreisen, wobei sie ja noch immer besser entlohnt werden als vom Verleger. Andererseits kann auch die tote Saison, die bei einzelnen Gewerben eine regelmässige Erscheinung bildet, den kleinen Meister, der es vorzieht, an Stelle völliger Beschäftigungslosigkeit selbst eine schlechter bezahlte Arbeit zu übernehmen, bereitwillig machen, auch um den Preis seiner Selbständigkeit mit dem Verleger in Verbindung zu treten. So kann es dann kommen, dass die Handwerker eines bestimmten Gewerbes in einer ganzen Gegend sich in Heimarbeiter verwandeln [1].

Es ist klar, dass die besprochene Konkurrenz der Meister unter einander wie auch alle anderen Uebelstände, die aus dem Handwerke hervorgehen, zwar die einzelnen Betriebe mehr oder minder schwer schädigen, niemals aber das spezielle Handwerk als solches

---

[1] S. z. B. österreichische „Untersuchungen" S. 420.

vernichten können. Nur untergraben können sie dessen Bestand, indem sie den Sieg der Grossindustrie erleichtern. Kann dies auf der einen Seite dadurch geschehen, dass durch die Entwicklung der Verlagsarbeit eine eigentliche konkurrierende Grossindustrie erst geschaffen wird, so geschieht dies auf der anderen durch Schwächung der Widerstandskraft der Kleinbetriebe. Nicht die letzte Rolle spielt hiebei die Verminderung der Qualität der Handwerksware. Und nicht immer ist diese nur eine weitere Folge des fortgesetzten Preisunterbietens; eine wesentliche Ursache hiefür ist oft die mangelnde Tüchtigkeit der Meister, die in letzter Linie regelmässig wieder zurückgeht auf die mangelhafte Ausbildung der Lehrlinge. Diese mangelhafte Ausbildung hat ihren Grund einerseits in der fortgeschrittenen Arbeitsteilung bei vielen Handwerken, welche die vollständige Erlernung eines Handwerks im ordentlichen Betriebe der Werkstätte unmöglich macht, andererseits darin, dass ein grosser Teil der Meister im Lehrling nicht den Schüler, sondern nur die billige Arbeitskraft sieht und deshalb möglichst rasch, möglichst viel (sei es auch durch Verwendung ausserhalb des gewerblichen Betriebes) aus ihm herauszupressen sucht. Der Lehrling wird also hier höchstens das lernen, was in der Werkstatt vorkommt und immer, auch wenn es etwa das ganze Gewerbe ist, höchst oberflächlich und mangelhaft. Bisweilen kann auch der gute Wille des Meisters nicht helfen, weil er entweder selbst die erforderliche Fähigkeit nicht besitzt oder weil er nicht das Vollhandwerk betreibt und die Kosten scheut, die dessen Erlernung durch den Lehrling, der überdies diese Kenntnisse nicht einmal bei ihm verwerten könnte, ihm verursachen würde. Und wenn ihm oft auch noch der gute Wille fehlt, so liegt die Ursache hiefür meist in seiner schlechten Lage und in der Hoffnung, durch Lehrlingszüchterei sich aufhelfen zu können. Der Geselle wird aber nur selten die Mängel seiner Lehre gründlich verbessern; fehlt ihm doch meist das Verständnis hiefür und infolgedessen auch jedes Streben, und andererseits ist er ja gezwungen zu verdienen, was bei der durchgebildeten Arbeitsteilung die vollständige Erlernung des Handwerks fast ausschliesst. Durch diesen Mangel an Können wird gerade der kleine Meister besonders schwer getroffen. Er ist ja oft ausser Stande, die ihm fehlenden Kenntnisse durch fremde Kräfte ersetzen zu lassen; und wenn er Gehilfen aufnimmt, so wird er auf die schlechteren Arbeitskräfte angewiesen sein, weil die besseren durch die Fabrik oder die grösseren Meister, die ihnen höhere Löhne und ständige Beschäftigung bieten, angezogen werden[1]. Das muss ihn natürlich im Konkurrenzkampfe mit der Grossindustrie noch mehr schädigen und seinen Untergang beschleunigen. Schon dieser Uebelstand bei Anwerbung von Hilfskräften erweist sich als eine Folge der häufigen Kapitalsschwäche der Handwerksbetriebe, die überhaupt einer der verderblichsten und zugleich einer der häufigsten Mängel des kleinen Handwerkers ist. Sie setzt ihn ja nicht nur in diesem Falle in die übelste Lage, sondern auch beim Einkauf des Rohmateriales, das er ihretwegen nur in kleinen Mengen, in schlechterer Qualität und zu höheren Preisen erhalten kann, und sie zwingt ihn oft zum Absatz der Produkte um jeden Preis. Damit kann dann jene Entwicklung beginnen, die mit dem Verlage endet, nur hier nicht verursacht durch zu viele Meister, sondern durch zu kapitalsschwache. Eine weitere sehr üble Einwirkung des Kapitalmangels zeigt sich auch dort, wo dieser dem Handwerke die bedeutendes Kapital voraussetzenden Hilfsmittel kaufmännischer Art als Magazine, Schauläden, Reklame unmöglich macht und dadurch den Absatz der Fabriksware auf Kosten der Handwerksware auch dann sichert, wenn diese an Güte und Preis mit jener vollkommen gleich ist; auch das ist eine Ursache, die den Handwerker oft zwingt, beim Kaufmann seinen Absatz zu suchen.

Bei den Arbeitsgewerben wird der Kapitalmangel nur eine geringere Rolle spielen. Bedenklicher hingegen ist hier die Uebersetzung des Gewerbes, die auf die Preishöhe und auf die Qualität der Arbeit dieselbe Wirkung ausübt wie bei den Produktionsgewerben. Damit ist aber auch die Parallele zu Ende, eine weitere Entwicklung zum Verlag ist hier ausgeschlossen. Dadurch wird eben die Lage der Meister in dem betroffenen Umkreis eine gedrückte. Eine baldige Besserung ihrer Verhältnisse aber durch die Vernichtung einzelner Betriebe tritt hier regelmässig nicht ein, weil die Unkenntnis der Lage andere nicht abhält, an Stelle der zugrunde Gegangenen zu treten. Meist bedarf es längerer Dauer der schlechten Lage, um durch ihr genügendes Bekanntwerden den weiteren Zufluss zu diesem Gewerbe zu verhindern und dadurch allmählich eine Besserung bewirken zu können.

---

[1] Diesen Punkt betont besonders SCHÖNBERG, Lehrlingswesen, in den Schriften des Vereins für Sozialpolitik, XI S. 123, P. 2.

IV.
Die Lage des Handwerks in Oesterreich.

Betrachten wir nun die Lage der einzelnen Handwerke in Oesterreich, hauptsächlich auf Grundlage der österreichischen „Untersuchungen"[1]. Vielleicht erscheint es dabei gegenüber der oben ausgesprochenen Warnung vor dem Generalisieren als ein Widerspruch, wenn nun auf Grund einer Darstellung der Lage eines Handwerks an einem Orte oder an einigen wenigen Orten ein Schluss auf die Lage desselben in ganz Oesterreich gezogen wird. Sehen wir jedoch jeweils von örtlichen Besonderheiten völlig ab, so können wir sicherlich sagen, dass eine Entwicklung, die sich an einem Orte im wesentlichen unbeeinflusst durch derartige örtliche Besonderheiten vollzogen hat, sich unter gleichen allgemeinen Verhältnissen überall analog vollziehen muss. Soweit allerdings solche gleiche Verhältnisse bei dem einzelnen Handwerke nicht bestehen, wird die Entwicklung eine mehr oder minder verschiedene sein, und diese Verschiedenheit wird auch entsprechenden Orts beachtet.

Bei der Darstellung der einzelnen Handwerke sollen jene vorausgehen, die unter der Konkurrenz der Grossindustrie besonders zu leiden hatten. Die erste Gruppe bilden die zugrundegegangenen Handwerke; davon sind heute bereits völlig verschwunden nur die Chokoladenmacher[2], an deren Stelle die Fabrik getreten ist. Eben dasselbe ist der Fall bei der Seidenweberei, für welche sowohl der Prager[3] als auch der Wiener[4] Handelskammerbericht keinen einzigen Kleinbetrieb aufweisen. Ebenso arbeiten die Flachsspinnerei und die Baumwollspinnerei nur im Grossbetriebe[5]. Von den zahlreichen Zweigen der Weberei hat sich die Handarbeit vielfach durch den Verlag gehalten; daneben finden sich aber auch kleine selbständige Handbetriebe. So weist der Prager Bericht[6] unter 137 Streichgarnwebereien und Tuchmanufakturen über 100 Kleinbetriebe mit

---

[1] (= U.); auf die deutschen „Untersuchungen" (U LXII—LXX) will ich im folgenden nur soweit zurückkommen, als sich in ihnen ein von den österreichischen abweichendes Ergebnis zeigt.
[2] U. S. 7; Schwiedland a. a. O. I S. 126.
[3] A. a. O. S. 34 und 53.
[4] A. a. O. S. 48 VI f.
[5] Prager Handelskammer S. 34 und 53; der Wiener Bericht weist gar keinen Betrieb auf.
[6] A. a. O. S. 34 und 53.

grossenteils ein bis vier Arbeitern, der Wiener[1] in der Tuchmacherei fünf Kleinbetriebe auf. In der Baumwollweberei verzeichnet der letztere nur zwei Kleinbetriebe, während der Prager Bericht noch gegen 20 Betriebe mit nicht mehr als drei in einem Betriebe beschäftigten Personen zählt. Diese niedrigen Zahlen für die Kleinbetriebe sprechen nicht minder deutlich wie ein Vergleich der statistischen Daten über die Weber aller Art für die österreichische Monarchie 1841 und 1890[2]. Darnach bestanden:

1841: 40 444 handwerksmässige Webereien,
      401 Fabrikswebereien;
1890: 7709 Klein- und Mittelbetriebe,
      1058 Grossbetriebe (davon etwa $^1/_4$ Verlagsgeschäfte).

In welch starkem Masse die Verdrängung des Handwerks bei der Weberei erfolgt und wie sehr die Grossbetriebe hier alle kleineren Betriebe unterdrücken, zeigt sehr scharf ein Vergleich der deutschen Berufszählungen von 1882 und 1895. Es ergaben sich darnach in Preussen für die Textilindustrie[3]:

Betriebe mit Hilfskräften:

(Alleinbetriebe)	1—5	6—10	11—50	51—100	201—1000	über 1000
1895: 63 629	20 283	1455	2326	1154	348	13
1882: 116 635	37 308	1860	2280	857	184	5

Während also in dem kurzen Zeitraum von nur 13 Jahren die Kleinbetriebe mit 0—5 Gehilfen um ca. 45 % und auch die kleineren Mittelbetriebe noch um 22 % abnahmen, weisen die Grossbetriebe durchwegs eine Steigerung auf, welche bei den kleineren mit 2 % beginnt, um schliesslich bei den grössten 160 % zu betragen. Handwerksbetriebe können aber hier nur die Kleinbetriebe, höchstens auch noch die kleinen Mittelbetriebe sein; dabei darf aber auch nicht vergessen werden, dass unter der absolut ja noch immer bedeutenden Anzahl der Kleinbetriebe eine grosse Zahl von Heimarbeitern gezählt wurde, die nur dem Namen nach gewerbliche Selbständigkeit besitzen. Schreitet aber die Abnahme der Kleinbetriebe in gleicher Weise fort, so brauchen wir auf das Ende des Weberhandwerks, von dessen Bestand man eigentlich schon heute kaum mehr sprechen kann, wohl nicht mehr lange zu warten.

Ebenfalls dem Ende nahe sind auch einzelne Spezialschmiedegewerbe. So die Nagelschmiederei. Zuerst that die Fabrik durch Einführung der Drahtstifte dem Konsum der Schmiedenägel erheb-

---

[1] A. a. O. S. 48 VI.
[2] SCHWIEDLAND a. a. O. I S. 127.
[3] Statistische Korrespondenz, cit. S. 4, IX. Textilindustrie.

lichen Abbruch, dann noch durch billigere maschinenmässige Erzeugung von Eisennägeln. Nur die bessere Qualität der Handwerksware, die von der Maschine nicht erreicht werden konnte, sicherte dieser noch einigen Absatz. Da tritt nun in Oesterreich der Verlag auf, der Nägel von gleicher Qualität zu viel niedrigerem Preise in Verkehr setzt, und damit ist das Handwerk tötlich getroffen. So wird in der Stadt Graz[1], wo noch 1867 zahlreiche Werkstätten bestanden, derzeit nur noch in einer einzigen gearbeitet; Gesellen, damals 50—60, giebt es heute ebensowenig wie Lehrlinge. Etwas besser ist es auf dem Lande; hier ist dem Handwerk die Erzeugung der sog. Scherkennägel geblieben, das sind besonders starke Nägel zum Nageln der Gebirgsschuhe, wie sie bisher die Grossindustrie nicht erzeugt. Gleichwohl kann man mit Sicherheit das baldige gänzliche Ende des Nagelschmiedegewerbes voraussagen[2], weil die eben genannte Spezialität kaum eine genügende Basis für ein ganzes Gewerbe abgeben dürfte. Noch ein zweites Spezialschmiedegewerbe steht auf dem Aussterbeetat und zwar das der Sporerschmiede, die von der Erzeugung von Sporen bereits gänzlich, von der ihrer übrigen Waren grösstenteils durch die billigere Fabriksware verdrängt wurden[3]. Mit der auf die Dauer unvermeidlichen Entziehung der ihnen bislang noch erhalten gebliebenen feineren Ware ist es dann völlig vernichtet. Durch den Verlag wurde ferner die Wiener Weissstickerei verdrängt, und durch die böhmische Hausindustrie, die sie an Schönheit und Billigkeit übertrifft[4] ersetzt. Endlich wurde die kleine Lohgerberei durch die grossindustrielle Mineralgerbung unterdrückt. Zwar hält sie sich bei uns[5] noch infolge der besseren Qualität ihrer Produkte; allein die entsprechenden deutschen Zustände[6] zeigen, dass dies nur ein Zustand von vorübergehender Dauer ist, der ihre völlige Vernichtung vorbereitet.

Sehr zahlreich sind die Fälle der Beschränkung des Handwerks durch die Konkurrenz der Grossindustrie auf einzelne Produkte. Das sahen wir schon oben bei den Nagel- und den Sporerschmieden (bei diesen allerdings als Uebergangsstadium), und wir werden es teilweise bei den Schustern und bei den Bauschlossern wiederfinden. Ebenso ist das der Fall bei den Zuckerbäckern[7], wo „nur mehr die wenig haltbaren Artikel des täglichen Bedarfs" selbst erzeugt, die

---

[1] U. S. 334.   [2] U. S. 338.
[3] U. S. 346.   [4] U. S. 82.
[5] U. S. 397.
[6] U. XLV S. 9 und 22, LXII S. 126.
[7] U. S. 18.

übrigen dagegen aus der Fabrik bezogen werden, sowie bei den Wagenbauern. Unter dieses Gewerbe fallen vier Handwerke, das des eigentlichen Wagenbauers oder Stellmachers, des Schmiedes, des Sattlers und des Wagenlackierers. Als Resultat der Fabrikskonkurrenz[1] verblieb hier für das Handwerk neben der Reparatur nur die Neuerzeugung minderwertiger Wagen, insbesondere der schweren Lastwagen. Obzwar auch bei uns die Hausschmiede der Grossbetriebe die selbständigen Meister sehr schädigen, so ist die Entwicklung doch noch nicht so weit vorgeschritten[2] wie in Deutschland, wo die Beschränkung auf die allerdings sehr umfangreiche Reparaturthätigkeit als schliessliches Schicksal des Wagenschmiedehandwerks bereits konstatiert wurde[3].

Auch das Messerschmiedgewerbe musste einen Teil seines Gewerbes der Grossindustrie abtreten[4] und zwar die ganze Scherenerzeugung und die Herstellung der billigeren Taschenmesser. Ebenso sind dem Handwerke die feineren Schneidewerkzeuge bis auf ganz vereinzelte ausnahmsweise Bestellung verloren gegangen, während ihm einzelne ordinäre Sorten erhalten blieben. Einen teilweisen Ersatz bot der Handel mit Fabrikswaren; auch spielt die Reparatur hier eine grosse Rolle, so zwar, dass einzelne Messerschmiede die Erzeugung ganz aufgaben und „Händler geworden sind, die Reparaturen ausführen"[5]. Das dürfte denn auch in Oesterreich das allgemeine Endziel der Entwicklung dieses Handwerks sein, wie dies in Deutschland deutlich hervortritt[6]. Auch soweit im Messerschmiedgewerbe eine Spezialisierung auf die Schlittschuherzeugung eingetreten ist, fand eine Beschränkung durch die Fabrik in der Art statt, dass nur feinere und theuere Ware vom Handwerk erzeugt wird, während es in der billigeren mit den Fabrikspreisen gleichen Stand zu halten nicht vermochte[7]. Aus demselben Grunde haben auch die Bohrerschmiede eine Einschränkung erfahren; während ihnen nämlich die Erzeugung von Bohrern geblieben ist und auch so lange bleiben muss, als die Fabrik sie nicht billiger herzustellen imstande ist, hat ihnen diese von den übrigen „Geschmeidewaren" nur sehr wenige belassen[8].

Wie bei diesen Spezialschmiedgewerben hat die Grossindustrie auch beim Vollhandwerk der Schmiederei zur Schmälerung des Gewerbeumfanges geführt. Zwar besteht dieses derzeit nur noch auf

---

[1] U. S. 302, 380.
[2] Vgl. U. S. 379.
[3] U. LXV S. 285.
[4] U. S. 323.
[5] U. S. 327.
[6] U. LXIV S. 165, LXV S. 280, LXIX S. 89 ff., LXX S. 456 ff.
[7] U. S. 324.
[8] U. S. 344.

dem Lande, während in der Stadt schon längst die Konkurrenz die Meister zur Spezialisierung gezwungen hat, und umfasste ursprünglich das Huf-, Wagen- und Grobschmiedgewerbe[1]. Der Handel hat aber auch in die entlegensten Dörfer der Fabriksware den Weg gebahnt und so den Schmied auf die Huf-, Wagen- und Flickschmiedcarbeit beschränkt. Aber viel mehr als diese Einschränkung, die ja auch jetzt noch dem Handwerker genügende Bethätigung übrig lässt, schadet ihm die mit Rücksicht auf den äusserst beschränkten Kundenkreis viel zu grosse Anzahl der Meister. Da überdies die grösseren Bauerngüter vielfach ihre Hausschmiede haben, so ist es nicht zu verwundern, dass wir es auf dem Lande fast ausnahmslos mit gehilfenlosen Betrieben zu thun haben und dass „ohne Feldbau ein Leben für einen Schmiedemeister unmöglich, ohne Erdäpfelfeld eine Existenz eine absolute Unmöglichkeit"[2] ist. Für die Zukunft ist aber auch noch die Entziehung der Huferzeugung[3] und die wohl auch jetzt schon nur selten vorkommende Wagenerzeugung zu gewärtigen, so dass vom alten Vollhandwerk nur noch der Hufbeschlag und die Reparaturarbeit aller Art übrig bliebe.

Endlich finden wir die Beschränkung auf einzelne Produkte in der Böttcherei. Hier wurde das Handwerk in der Erzeugung nur auf Fässer beschränkt, während die übrige Ware zum Teile durch Einführung neuen Materials (Celluloid) oder stärkere Verwendung von früher nur selten gebrauchtem (Blechgefässe) ersetzt, zum anderen Teile durch die viel billigere hausindustrielle Holzware verdrängt wurde[4]. Nun könnte die Fässererzeugung immerhin das Handwerk genügend beschäftigen, allein auf diesem Gebiete macht sich die Grossindustrie, die ja die bedeutendste Konsumentin sein sollte, vom Handwerke dadurch frei, dass sie sich ihre eigenen Böttchereien errichtet. So hat denn auch die Herstellung der Fässer sehr viel von ihrer Bedeutung verloren, und die Reparaturthätigkeit tritt mehrfach an die erste Stelle, so zwar, dass einzelne Betriebe ausschliessliche Reparaturbetriebe geworden sind[5]. Trotzdem nun die Reparatur zweifellos stets eine Haupteinnahmsquelle für den Handwerker bedeuten wird, so geht die endliche Entwicklung doch nicht dahin, dass sie allgemein die ausschliessliche Beschäftigung für ihn bilden würde; daneben muss ihm immer noch ein Teil der Fässererzeugung bleiben und überall dort, wo die Produkte der Hausindustrie

---

[1] U. S. 311.
[3] S. darüber unten.
[5] U. S. 412.

[2] U. S. 315.
[4] U. S. 384, 410.

nicht hinkommen, überdies die Erzeugung der billigeren Holzgeschirre[1].

Wenn einem Handwerk die Produktion entzogen wird, so muss diese Entziehung doch dort Halt machen, wo eine Individualisierung der Produkte möglich und dem Konsumenten erwünscht ist, und hierin hat das Handwerk eine gesicherte Position. Denn die Maschine ist hiezu nicht zu brauchen, der Verlag aber nicht überall in rentabler Weise zu organisieren. Auch würde die Individualisierung nicht in den regelmässigen Gang des Grossbetriebes gehören. Nur in der Manufaktur wäre sie ohne weiters thunlich. Bei derartigen Waren ist der Grossbetrieb auch eines seiner wichtigsten Vorteile beraubt, weil bei dem grössten Teil dieser zu individualisierenden Produkte ein unmittelbarer Verkehr mit dem Konsumenten erforderlich und infolgedessen der territoriale Absatzkreis für dieselben ein beschränkter ist. Soweit allerdings die Individualisierung nur nach äusseren Merkmalen (Grösse, Mass, Form, Farbe etc.) erfolgt, ist es für die Grossindustrie nicht schwer, durch Variierung dieser Merkmale auch das Gewünschte vollkommen zu treffen. Das grosse Risiko aber, das der Kaufmann mit einem grossen Lager auf sich nimmt, setzt Wahrscheinlichkeit eines genügenden Absatzes voraus und diese ist nur in grossen Städten vorhanden; je kleiner der wahrscheinliche Absatz ist, desto kleiner muss auch das Lager sein und desto schwächer ist in demselben die kostspieligere Ware vertreten, während man ja mit der billigen Ware nur geringere Gefahr läuft. Desto mehr ist aber damit die zu individualisierende Ware dem Handwerke gesichert. Natürlich kann sich auch der Handwerker selbst ein Lager anlegen, wenn er nicht hieran durch den Mangel des erforderlichen Kapitals verhindert ist, und kann dann den Vorteil der Konsumbereitschaft auch für sich ausnützen.

Eine Individualisierung nun ist erforderlich bei allen Produkten der Schusterei. Gleichwohl ist es der Grossindustrie, die mit der Maschine und mit dem Verlag Konkurrenz macht, gelungen, in grösseren Städten die billigere Ware dem Handwerk grösstenteils zu entreissen[2], teils durch das grosse Lager der Magazine, teils weil es bei dieser billigen Ware mit der Individualisierung vom Konsumenten nicht so genau genommen wird. Beides ist aber bei abnormen, kranken und heiklen Füssen ausgeschlossen, weil für

---

[1] Ziemlich gleich liegen im allgemeinen die Verhältnisse der Böttcherei in Deutschland, z. B. LXX S. 85; vgl. aber S. 319 und andererseits LXX S. 93, LXIII S. 51 etc.

[2] U. S. 364.

solche jene äusseren Merkmale nicht genügen und ausserdem eine sehr gute Arbeit gefordert werden muss. Uebrigens ist bei uns auf dem Lande der Handel mit fertigen Schuhwaren ohne besondere Bedeutung[1], so dass hier die meiste Ware heute noch vom Handwerke auf Bestellung hergestellt wird.

Inbezug auf die grossindustrielle Konkurrenz weit besser gestellt ist die Schneiderei, weil Maschinenarbeit hier ausgeschlossen[2] und die Individualisierung sehr kompliziert ist. Gleichwohl ist auch hier bezüglich der billigeren Ware aus denselben Gründen wie bei Schuhen eine Verdrängung durch die Magazine möglich, allerdings ist der Handel mit Fabrikskleidern bei uns noch nicht sehr verbreitet[3]. Für die bessere Ware aber ist, eben weil bei dieser genaueste Individualisierung Hauptsache ist, die Verdrängung geradezu als ausgeschlossen zu betrachten.

Sehr oft findet sich auch die Neuerzeugung nach individuellen Wünschen noch als einziger Rest des Handwerks, das im übrigen zum Reparaturbetrieb geworden ist; nur hat sie, weil sie im einzelnen Betriebe äusserst selten ist, geringe Bedeutung. Das ist der Fall bei der Kassenschlosserei[4] und bei einzelnen Bauschlossereibetrieben, welche Beschläge nur „dem eigenen Bedarf entsprechend" erzeugen[5].

Das Handwerk ist ferner gesichert, so lange die Grossindustrie die Qualität seiner Ware nicht erreichen kann oder doch wenigstens nicht zu billigeren Preisen abzugeben vermag; die erste Alternative bezieht sich nur auf einen etwaigen Vorzug der Hand- vor der Maschinenarbeit, die letztere auf alle Betriebsformen der Grossindustrie. Ein Beispiel hiefür haben wir beim Handwerk der Bohrerschmiede gesehen. Dasselbe ist der Fall bei besseren Schuhen, deren Erzeugung für die Grossindustrie sich nicht billiger stellt[6], ferner bei den Schuhen für abnorme, kranke und heikle Füsse, die ebenso wie die feinen Kleidungsstücke einer sehr sorgfältigen und guten Arbeit bedürfen. Bei den letzteren ist auch die Beobachtung der letzten Mode ein wesentlicher Qualitätsvorzug, dem ein Lager infolge des raschen Wechsels der Mode und des damit verbundenen hohen Risikos nur schwer wird nachkommen können. Ebenso ist dort, wo es „unbedingt auf Festigkeit und solide Arbeit ankommt", die Konkurrenz der Grossindustrie geradezu ausgeschlossen, und das ist der Fall bei starken Gebirgsschuhen, „einem Artikel, dessen sich die Grossindustrie niemals bemächtigen wird"[7].

[1] U. S. 392. [2] U. S. 464. [3] U. S. 391, 464.
[4] U. S. 251. [5] U. S. 238. [6] U. S. 364.
[7] U. S. 400.

Wie bereits oben ausgeführt, bildet hingegen die künstlerische Vollendung der Ware kein unerreichbares Ziel für die Grossindustrie und mithin kein Monopol für das Handwerk. Leider mangeln für Oesterreich darauf bezügliche, genügend zahlreiche Daten. Jedenfalls bestätigt wird diese Behauptung durch die Lage der Wiener Kunst- und Goldstickerei, die vollständig vom Verlag beherrscht wird[1], und ebenso bestätigt dies die Lage der handwerksmässig betriebenen Kunstschlosserei. Hat diese sich doch kaum als selbständiges Gewerbe derart zu halten vermocht, dass ihre Betriebe sich nicht zugleich auch auf den anderen Gebieten der Schlosserei zu bethätigen gezwungen wären[2]. Für Herstellung von Luxusgegenständen ferner, die doch den eigentlichen Kern ihrer Beschäftigung bilden sollten, mangelt es ihnen an Käufern, die entsprechende Preise zahlen würden[3]. Endlich verliert der Handwerker, wenn er nicht ständig künstlerisch thätig ist, einen Teil seiner Geschicklichkeit, so dass dann die Maschine nicht nur genauere und schönere, sondern vielfach auch exaktere Arbeit liefert als der Handwerker[4]. Spricht schon das nicht zu gunsten des Handwerksbetriebes, so äussern sich die Vorzüge des Grossbetriebes noch in zweifacher Hinsicht: es wird einerseits die Herstellung von Luxusgegenständen als einträglicher bezeichnet, wenn „drei bis vier auf einmal nach derselben Zeichnung hergestellt werden, weil dann manche Arbeitsaufwendungen besser ausgenützt werden können"[5]. Um wie viel mehr muss dies der Fall sein bei Herstellung einer noch grösseren Zahl! Und wenn andererseits das Handwerk bisweilen auf Vorrat „Blätter, Blumen und ähnliche Gegenstände, die so ziemlich bei allen Kunstarbeiten Verwendung finden"[6] erzeugt, wie lange kann es da noch dauern, bis die Grossindustrie sich dieser Artikel, die sich so gut zur Massenerzeugung eignen, bemächtigen wird? Uebrigens wird die oben bezüglich des Kunstgewerbes behauptete Entwicklung durch die deutschen Untersuchungen bezüglich des Schlosserhandwerks bestätigt. „In der Kunstschlosserei ... muss unzweifelhaft zugegeben werden, dass der Grossbetrieb leistungsfähiger ist. Er allein ist imstande, sich tüchtige Zeichner zu schaffen, welche freischaffend unaufhörlich neue Formen komponieren und die sich ändernde Geschmacksrichtung am besten und schnellsten zu berücksichtigen vermögen. Auch ist es dem Grossbetrieb viel

---

[1] U. S. 89 Anm. 1.
[3] U. S. 247, 656.
[5] U. S. 247.
[2] U. S. 245 ff., 656.
[4] U. S. 657.
[6] U. S. 249.

eher möglich, sich einen Stamm guter Arbeiter zu begründen"[1]. In Berlin[2] endlich ist die Entwicklung bereits vollendet. Trotz Handarbeit gedeiht hier der Grossbetrieb (Manufaktur) vortrefflich, während der kleine Meister, gedrückt durch diese Konkurrenz und weil er sonst keinen Absatz findet, Verlagsarbeiter geworden ist. Er arbeitet, wenn auch gegen gute Bezahlung, fast ausschliesslich für die Kunstbazare. Bei demselben Ende finden wir übrigens in Oesterreich bereits zum grössten Teil angelangt das Handwerk der Bronzearbeiter und Gürtler, insbesondere einen Zweig derselben, die Kunstbronzen- und Bronzegalanteriewaren-Erzeuger, denen der direkte Verkehr mit den Konsumenten vollständig verloren gegangen ist. Allerdings die grösseren Betriebe sind dabei vom Händler relativ unabhängig geblieben, von den kleineren aber ist der grösste Teil bereits derzeit vollständig dem Verlage anheimgefallen[3].

Eine Tendenz zur Spezialisierung der Betriebe findet sich bei einzelnen Gewerben (z. B. Schmiederei, Schlosserei) schon seit alters, und in diesen Fällen hat die Grossindustrie höchstens eine stärkere Realisierung dieser Tendenz bewirkt. Durch ihren Druck ist aber diese Spezialisierung zum Teile in neuer Richtung, zum Teile auch nur in radikalerer Weise in der alten fortgeschritten. Einen Fall sahen wir bei den Nagelschmieden, die allmählich auf die Scherkenerzeugung eingeschränkt werden, einen anderen zeigt uns die Spezialisierung einzelner Messerschmiede auf die Erzeugung medizinischer Instrumente[4]; in beiden haben sich die handwerksmässigen Betriebe erhalten, im letzteren trotz der Fabrikskonkurrenz deshalb, weil hier die Preise eine geringere Rolle spielen und peinliche Genauigkeit der Arbeit gefordert wird. Uebrigens können beide Gewerbe nur dort bestehen, wo ein entsprechender Konsumentenkreis vorhanden ist, also das erstere nur im Alpengebiete, das letztere nur in jenen Städten, wo eine sehr grosse Anzahl von Aerzten den Absatz sichert. Ferner hat sich das Handwerk in einem Spezialbetrieb für Schlössererzeugung erhalten[5], während diese sonst vollständig an die Fabrik übergegangen ist. Die Spezialisierung geht hier soweit, dass auch von den Schlössern nur solche nach einem einzigen bestimmten System hergestellt werden. Bei einzelnen anderen Spezialschlossergewerben, wo sich zwar der Handwerksbetrieb erhalten hat, ist es den Meistern nicht gelungen, den ursprünglichen Umfang ihres Spezialgewerbes festzuhalten; sie sind, abgesehen von verein-

---

[1] U. LXV S. 93.   [2] U. LXV S. 293.
[3] U. S. 325.   [4] U. S. 622.
[5] U. S. 256.

zelten Neuerzeugungen, fast nur noch mit Reparaturen beschäftigt, so die Maschinen[1]- und Kassenschlosser[2]. In vielen anderen Fällen hat sich das Gewerbe durch Spezialisierung erhalten, aber das „Handwerk" ist verloren gegangen, zum Teil, weil die Thätigkeit keine handwerksmässige mehr ist, zum Teil, weil der unmittelbare Absatz an die Konsumenten ganz oder grossenteils verloren wurde. Das erstere wie das letztere[3] trifft zu bei einigen modernen Spezialschlossereien[4]. Noch weiter ist in letzterer Beziehung die Entwicklung bei der Grosszeugschmiederei gegangen[5]. Hier hat die drückende Konkurrenz der Meister untereinander zu ziemlich weitgehender Spezialisation gedrängt, und dadurch „wurde der Absatz unmittelbar an die Konsumenten immer schwieriger, der Zwischenhandel unentbehrlich"; übrigens ist der Verlag wohl die einzige Form, in der dieses Gewerbe der Fabrikskonkurrenz derzeit noch standzuhalten vermag. Endlich die unter dem Drucke des Verlegers häufig eintretende Spezialisierung des Heimarbeiters, die bei uns bezüglich der Tischler[6] und Schneider[7] beobachtet wurde, soll unten behandelt werden.

Eine andere Beschränkung des Handwerks infolge der grossindustriellen Konkurrenz und zwar durch Entziehung einer Teilproduktion hat sich vollzogen beim Schusterhandwerk; hier wird nämlich ein Teil des Schuhes, der sog. Oberteil, nicht mehr im Handwerksbetrieb erzeugt, sondern von der Fabrik hergerichtet bezogen. Dieser Entwicklungsgang gelangte nicht überall bei uns gleichzeitig zum Abschluss. Während dieses Teilprodukt an einem Ort[8] zum grossen Teil noch mit der Hand erzeugt und fertig nur zur minderen Arbeit bezogen wird, ist sonst die allgemeine Verwendung von fertig bezogenen (meist verlagsmässig erzeugten) Teilen ausnahmslose Regel[9]. Aber auch in anderer Weise ist die Konkurrenz der Grossbetriebe in nachteiliger Weise hervorgetreten. Die Form, in der dies geschah (Magazine), hat durch die Billigkeit eines Teiles der Ware sowie durch die Bequemlichkeit für den Konsumenten infolge steter Konsumbereitschaft dem Handwerk viel geschadet. Allerdings war vor allem der geringere Preis hiefür entscheidend und soweit dies nicht der Fall ist — die bessere Ware ist nämlich ebenso teuer als die Handwerksware[10] — hat der letzt-

[1] U. S. 250, 255.
[2] U. S. 251.
[3] U. S. 252.
[4] U. S. 253, 254, 255.
[5] U. S. 318.
[6] U. S. 188.
[7] U. S. 434.
[8] U. S. 360.
[9] U. S. 39, 168, 393.
[10] U. S. 364.

genannte Vorteil der Magazine keinen bedeutenden Ausschlag zu gunsten der Grossindustrie zu geben vermocht. So hat sich denn dort, wo Magazine Eingang fanden, eine Teilung des Absatzes in der Art vollzogen, dass diese den Absatz der billigeren Ware in grossem Umfange an sich rissen und dem Handwerker nur die Erzeugung der besseren verblieb. Allerdings kann ein genügend reiches Lager nicht überall errichtet werden; und je kleiner das voraussichtliche Absatzgebiet für das Lager, desto gesicherter ist demnach das Handwerk. Dazu kommt, dass hier der Handwerker bei der geringen Reichhaltigkeit und der niedrigen Qualität des Lagers des Kaufmanns leicht in der Lage ist, sich ein gleiches zu halten, und damit den Vorteil der Magazine in kleinem Massstabe sich zu verschaffen. Ferner bleibt dem Handwerk, wie schon bemerkt wurde, die Erzeugung so weit, als besondere Individualitäten berücksichtigt, oder besonders feine oder besonders starke Arbeit gefordert wird. Dazu kommt die sehr wichtige, umfangreiche Reparaturthätigkeit, mag dieselbe auch vereinzelt vom Verlag übernommen werden. Einzelne kleine Betriebe sind übrigens bereits derzeit ausschliesslich Flickschustereien[1]. Ueberdies kommt vereinzelt auch Störarbeit vor[2], ob als rückständige Entwicklungsform oder nicht vielmehr als absichtliche partielle Rückbildung zum Zweck der Erweiterung des Konsumentenkreises, ist nach der betreffenden Untersuchung nicht zu entscheiden. Auch hat die schlechte Lage des Handwerks in manchen Orten, insbesondere veranlasst durch unverhältnismässige Zunahme der Meisterzahl und den häufigen Mangel jeglichen Betriebskapitals und befördert durch die regelmässig wiederkehrende tote Saison, vielfach Heimarbeit hervorgebracht. Stellenweise findet sich auch der Handel mit Fabriksware durch den Handwerker[3], wie er in Deutschland häufiger ist und von einigen auch als unvermeidliches Resultat des Kampfes mit der Grossindustrie angesehen wird[4]. Es kann aber nach dem Vorhergehenden doch kein Zweifel sein, dass der Bestand der Schusterei als Handwerk voraussichtlich noch auf absehbare Zeit gesichert ist.

Auch den Hutmachern liefert die Grossindustrie gegenwärtig ein Teilprodukt, und es bleibt ihnen regelmässig nur dessen Finalisierung[5]. Ein grosser Teil begnügt sich sogar bloss damit, die fertig aus der Fabrik bezogenen Hüte abzusetzen, und bei diesem ist der einzige Rest des ehemaligen Handwerks die Reparatur[6]. Das

---

[1] U. S. 392. [2] U. S. 392.
[3] U. S. 391. [4] U. LXII S. 14.
[5] U. S. 25, 471. [6] U. S. 473.

dürfte auch das Endziel sein, dem die ganze Entwicklung zustrebt, wie dies in Deutschland schon jetzt deutlich hervortritt[1]. Eine Arbeitsteilung zwischen Grossindustrie und Handwerk findet ferner dort statt, wo das letztere durch Entziehung der Warenproduktion auf das übrigbleibende Arbeitsgewerbe beschränkt wird. Diese Beschränkung ist bereits eingetreten bei dem Hufschmiedehandwerk. Das alte Handwerk bestand aus der Erzeugung von Hufeisen und der Anbringung derselben. Das Streben der grossindustriellen Konkurrenz geht nun dahin, ihm die Erzeugung zu entziehen, weil die Fabrik viel billiger arbeitet, und es auf die Anbringung der Fabriksware zu beschränken. Diese Tendenz hat sich bereits völlig durchgesetzt in Deutschland[2], wo der Hufschmied eigene Hufeisen nur dann erzeugt, wenn Mangel an jeglicher anderen Beschäftigung ihm dies noch rentabel erscheinen lässt[3]. In Oesterreich allerdings ist die Entwicklung noch nicht so weit fortgeschritten, weil die österreichische konkurrierende Maschinenware an Qualität hinter der Handwerksware zurücksteht und der Verlag sich nicht rentieren würde[4], da er billiger zu liefern nicht imstande wäre. Gleichwohl zeigen sich auch bei uns die Ansätze jener Verdrängung, da ein Handel mit handgearbeiteten Eisen bereits betrieben wird[5], und es ist kein Zweifel, dass, sobald die Maschinenerzeugung bei uns nach Muster der deutschen Fabriken sich vervollkommnet, diese Entwicklung unausbleiblich ganz allgemein bei uns eintreten muss. Immerhin wird auch das übrigbleibende Arbeitsgewerbe für sich genügen, um das Handwerk kräftig zu erhalten; nur drohen ihm die „Hausschmiede" in grossen industriellen und landwirtschaftlichen Betrieben mit der Entziehung eines wichtigen Teiles der Kundschaft[6].

Die gleiche Entwicklung der Umwandlung zu einem Arbeitsgewerbe ist bereits weiter fortgeschritten im Bauschlosserhandwerk. Von der früheren Erzeugung von Schlössern, Beschlägen für Fenster und Thüren etc. einerseits und der Anbringung andrerseits geht jene völlig verloren und nur das „Anschlagen" bleibt übrig. Speziell der Kampf des Grazer Handwerks mit der Fabrik[7] giebt ein interessantes Bild, das für einen Kampf des Handwerks mit der konkurrierenden Fabrik überhaupt als typisch angesehen werden kann. Eine Fabrik beginnt mit der Erzeugung von Baubeschlägen; „allein

---

[1] U. LXIV S. 65, LXX S. 308 ff. etc.
[2] U. LXV S. 235.   [3] U. LXV S. 282.
[4] U. S. 297.   [5] U. S. 296.
[6] U. S. 296, 315.   [7] U. S. 237 f.

sie vermochte nicht die Ware zu einem Preise herzustellen, welcher die Schlossermeister hätte veranlassen können, die Erzeugung ... in der eigenen Werkstatt aufzugeben und dieselben aus der Fabrik oder Eisenhandlung zu beziehen". Später erhält das Unternehmen eine Erweiterung des Betriebsumfanges durch Aufnahme der ganzen Thätigkeit des Bauschlossergewerbes. Sein Druck macht sich schon fühlbar für alle Handwerker, allein es ist klar, sie können die Fabrik, die auf ihrem ganzen Arbeitsgebiete ihnen als gefährliche Konkurrentin entgegentritt, nicht etwa noch dadurch fördern, dass sie die Beschläge von ihr beziehen. Der Sieg der Fabrik in diesen Artikeln wird erst dadurch möglich, dass sie das Anschlagen aufgiebt und sich mit der Erzeugung begnügt. Nun unterlag das Handwerk gar bald. Den Bedarf an allen von der Fabrik erzeugten Baubeschlagteilen befriedigt heute zum grössten Teil die Fabrik[1]. Soweit die Fabrikserzeugung heute noch nicht reicht, hat sich das Handwerk die Produktion gerettet; es ist aber kein Zweifel, dass ihm auch dieser Rest der Erzeugung entzogen wird, und dann bleibt ihm, wenn wir von vereinzelten Fällen individueller durch Fabriksware nicht zu deckender Bedürfnisse absehen, nur noch das Arbeitsgewerbe. Dass auch darin die Reparaturen, die übrigens hier nicht die gewöhnliche grosse Bedeutung haben, inbegriffen sind, versteht sich von selbst. Natürlich hat die Entziehung eines Teiles seiner Thätigkeit für den Handwerker auch eine Minderung seines Verdienstes zur Folge und erzeugt damit in ihm das Bestreben nach Betriebserweiterung. Dazu ist aber nur der kapitalkräftige Meister imstande, wie denn hier der grössere Betrieb auch dadurch im Vorteil ist, dass er allein grössere Bauten übernehmen kann[2], und ihm das stärkere Bekanntsein seines Namens leichter die Kundschaft zuführt. Dadurch sind wieder die kleinen Betriebe sehr geschädigt, die sich nun meist mit vereinzelten Um- und Zubauten, oft auch nur mit Reparaturen begnügen müssen[3].

Die Umwandlung des Handwerks in einen Reparaturbetrieb ist nächst seiner Vernichtung die radikalste Einwirkung der Grossindustrie. Soweit sie nur in einzelnen Betrieben eines Handwerks geschieht (z. B. Flickschuster, -schneider[4] oder bei den Bauschlossern), ist sie meist auf die Konkurrenz der Meister oder die eigene Unfähigkeit zurückzuführen und hat auf den Bestand des betreffenden Handwerks als solches keinen Einfluss. Anders ist es

---

[1] U. S. 238. [2] U. S. 245.
[3] U. S. 240. [4] U. S. 392.

aber dort, wo von der Thätigkeit des Handwerkers ganz allgemein ihm nur die Reparatur übrig bleibt; und an dem Charakter des Reparaturbetriebes wird auch nichts geändert, wenn — was übrigens auch nicht in allen Gewerben vorkommt — hie und da eine Neuerzeugung vom Handwerker vorgenommen wird. In dieser Entwicklung sind bei der ausschliesslichen Reparaturthätigkeit bereits angelangt wie erwähnt, einzelne Spezialbetriebe der Kassen- und Maschinenschlosserei, und diesem Ende zustreben sahen wir die Handwerke der Messerschmiede, Hutmacher, Böttcher und der Schmiede auf dem Lande. Eben dieses Schicksal teilen auch schon andere Gewerbe oder werden es teilen. So sind die Feinschleifer heute vorzüglich auf Reparaturen beschränkt[1], und ist das Hauptgebiet der Fein- und Zirkelschmiede die Reparaturthätigkeit[2], in der nur vereinzelt die Herstellung von Zangen, bei denen Handarbeit höher geschätzt wird, eine Abwechslung bringt. Auch für das Handwerk der Feilenhauer[3] ist die Erzeugung neuer Feilen „so gut wie verloren" trotz der besseren Qualität ihrer Ware infolge der bedeutend niedrigeren Fabrikspreise. Zwar bleibt ihnen als „Feil- und Raspelhauern" die Erzeugung von Raspeln um so sicherer, als diese von der Maschine nicht erzeugt werden können. Allein der Bedarf an solchen ist ein so geringer und infolgedessen der Verdienst daran so unansehnlich, dass ihnen „als die wichtigste, in manchen Betrieben einzige Erwerbsquelle nur das Aufhauen abgenützter Feilen" übrig bleibt; diese Beschäftigung bleibt ihnen aber umso eher gesichert, als dies ausschliesslich Handarbeit ist und die immerhin noch hohen Preise der Feilen auf eine Reparatur nicht leicht verzichten lassen. Auch das Gewerbe der (Galanterie-) Spengler hat den Endpunkt dieser Entwicklung bereits erreicht[4]. Konkurrenz mit den Fabriksprodukten können die Spengler wegen deren Billigkeit nicht führen, sie ziehen es deshalb vor, deren Verkauf zu übernehmen, und daneben bildet die Reparatur ihre Hauptbeschäftigung; aus den alten Handwerkern sind bei uns, geradeso wie in Deutschland, „Krämer und Flicker" geworden[5].

Wie bei den Spezialschlossereien die Umwandlung in Reparaturbetriebe schon mehr oder minder vollendet ist, können wir auch am Vollhandwerke der Schlosserei die gleiche Entwicklungstendenz wahrnehmen. Durchgedrungen in grösserem Massstabe ist diese allerdings nur auf dem Lande, wo „bei vielen Schlossern im Gebirge die

---

[1] U. S. 332.   [2] U. S. 320.
[3] U. S. 347.   [4] U. S. 391.
[5] U. LXII S. 156.

Reparatur geradezu die Hauptrolle ihrer Beschäftigung spielt"[1]. Aeusserlich zwar wesentlich anders vollzieht sich die Entwicklung in der Stadt, aber doch ist auch hier dieses Schicksal einem grossen Teil der Handwerker nicht erspart geblieben[2]. Hier setzt sich nämlich vor allem die Spezialisierung durch in Bau-, Kunst-, Maschinenschlosserei und eventuell noch weiter innerhalb dieser Richtungen, je grösser die Stadt, desto radikaler; wie sie z. B. in Berlin vollständig durchgedrungen ist[3], während sich in Graz noch in einer Anzahl von Betrieben das „alte städtische Vollhandwerk" erhalten hat[4]. Freilich sind von diesen fast alle hauptsächlich mit der Bauarbeit beschäftigt, so dass doch eigentlich vom Bestande des Vollhandwerks in grösserem Umfange nicht gesprochen werden kann. Hingegen vereinigt die Reparaturschlosserei, wenn auch nur in dieser einseitigen Weise, den ganzen Betriebsumfang des ehemaligen Vollhandwerks. Doch auch diese dürfte den ganzen Umfang der Schlosserei in der Stadt nicht auf die Dauer festhalten können, da hier die Reparaturgewerbe der Spezialbetriebe ihnen siegreiche Konkurrenz machen[5]; nur auf dem Lande kann sie sich ungeschmälert erhalten und hier dürfte sie gegenüber den seltenen Neuarbeiten leicht die einzige oder doch die hauptsächlichste Beschäftigung bilden.

Bisher sprachen wir nur von der technischen Umwandlung, die das Handwerk durch die grossindustrielle Konkurrenz erfährt; allein es kann auch ohne solche eine Aenderung der Betriebsform erleiden, die das ganze betroffene „Handwerk" vernichtet. Das haben wir oben beim Kunstgewerbe im allgemeinen gesehen, das im Verlag endet, ebenso wie bei zahlreichen Spezialbetrieben; in allen diesen Fällen nur, wo Kapitalsschwäche des Unternehmers die Umwandlung in oder mindestens die grosse Annäherung an einen kleinen Grossbetrieb nicht zulässt. Dasselbe ist auch der Fall bei dem Gewerbe der Ring- und Kettenschmiede[6] und der unmittelbare Grund dafür ist hier derselbe wie bei den Spezialbetrieben; die durch die Fabrik ausserordentlich gedrückten Preise liessen einen Verdienst nur bei entsprechender Produktionsmenge zu, deren Absatz sich die Meister nicht selbst zu verschaffen vermochten. Als Helfer muss der Kaufmann eintreten, und trotz der günstigen Preisverhältnisse tritt doch der Verlagscharakter bereits hervor. Auf einem anderen, bereits erwähnten, Wege gelangten zu demselben

[1] U. S. 391.   [2] U. S. 658.
[3] U. LXV S. 285.   [4] U. S. 236.
[5] U. S. 658.   [6] U. S. 339.

Ziele die Grosszeugschmiede. Wenn endlich auch bei zahlreichen Schustern dieselbe Umwandlung sich vollzogen hat[1], so liegt der Grund hiefür wohl in dem hauptsächlich durch die Konfektion verursachten Mangel an Absatz.

Wurde in den genannten Gewerben die Umwandlung des Handwerkers in einen Verlagsarbeiter als Folge der grossindustriellen Konkurrenz erkannt, so kann sie doch auch vielfach (wie schon zum Teile im letzten Falle) aus Ursachen, die im Handwerk selbst liegen, hervorgehend beobachtet werden. Dafür wirkt in hohem Grade das Vorhandensein einer regelmässigen toten Saison, und auf die Schneiderei übt diese, regelmässig zweimal jährlich wiederkehrend, eine solche Wirkung, dass die Umwandlung hier sich zum Teil schon vollzogen hat[2] und für den grössten Teil des noch bestehenden Handwerks wohl noch vollziehen wird[3]. Verschont von der toten Saison bleiben wenigstens teilweise die feinen Schneider in grösseren Städten und andererseits die Flickschneider, während sie für die übrigen Schneider regelmässig Beschäftigungslosigkeit bedeutet, soweit sie sich nicht mit Flickarbeit begnügen wollen, die doch auch nicht für alle genügende Arbeit bieten kann. Der Meister, der nicht die Hände in den Schoss legen will, wird also entweder auf Lager für sich arbeiten — das erfordert aber Kapital und Unternehmungsgeist — oder er wird bereit sein, dies für andere zu thun. Daraus entwickelt sich leicht ein ständiges Verhältnis, besonders wenn er auch in der Saison zeitweise wenig Arbeit hat, und für den Verlag ist der Weg geebnet. Wo sich aber der Verlag einmal für längere Zeit festgesetzt hat, weiss er seine Herrschaft bald so zu festigen, dass es den meisten Verlegten unmöglich gemacht wird, sich von ihm zu befreien und wieder selbständige Handwerker zu werden. Das geschieht auf dem Wege der Arbeitsteilung, indem hier der Arbeiter regelmässig nicht einen ganzen Anzug, sondern (ebenso wie bei den Tischlern nur eine oder einzelne Möbelsorten) nur ein bestimmtes Kleidungsstück zur Arbeit erhält[4]. Das liegt scheinbar in seinem Interesse, da er sich das auswählen kann, was er am besten versteht und die gleichartige Arbeit am schnellsten von statten geht. Vor allem aber hat der Verleger davon den Vorteil, weil nur diese Art der Arbeitsteilung die geringen Löhne für das Stück möglich macht, und andererseits die stete Beschäftigung mit einem Stücke die Arbeitsqualität wesent-

---

[1] U. S. 53 ff., 393.   [2] U. S. 393, 420.
[3] Vgl. U. S. 464.   [4] U. S. 434, 513.

lich fördert. Das hat zur Folge, dass der gewerbliche Nachwuchs von vornherein regelmässig nur die Arbeit eines Stückes lernt[1], das Zuschneiden aber, das vom Verleger selbst besorgt wird, überhaupt nicht. Damit ist ihm der selbständige handwerksmässige Schneidereibetrieb gänzlich verschlossen, aber — der Verlag ist gesichert. Andererseits kann der am Orte organisierte Verlag auch den selbst ein Lager haltenden Meister leicht veranlassen, seine Werkstätte ganz oder grösstenteils aufzulassen und selbst Verleger zu werden[2], umsomehr da die kaufmännische Thätigkeit, ebenso wie in dem Falle, wenn er sich für seine Kunden ein Tuchlager hält, leicht den grössten Teil seiner Zeit absorbiert. So kann es kommen, dass in ganzen Gegenden das Handwerk als Betriebsform überhaupt aufhört. Das setzt allerdings entsprechende Organisation durch grosse Unternehmungen voraus. Im allgemeinen aber wird sich das Handwerk erhalten in den grossstädtischen Betrieben für feinste Arbeiten (sofern nicht hier der Unternehmer selbst die Stellung eines Verlegers einnimmt, indem er die Arbeit an Schneider „ausser Haus" giebt), ferner in Verbindung mit dem Arbeiten auf Lager für sich oder für den Verleger. Kann doch die Maschine hier nicht für den Arbeiter eintreten, und sind anderersoits, wie bereits erwähnt, die Magazine auch nicht imstande, alle individuellen Wünsche, besonders für die bessere Arbeit, zu befriedigen. Auch dort, wohin die Fabriksware nicht durch Magazine gelangen kann, dürfte das „Handwerk" jedenfalls bestehen bleiben. Eben dieses ist auch allenthalben bei der Flickschneiderei der Fall[3].

Neben der toten Saison und zuweilen auch im Bunde mit ihr wirken noch andere Ursachen aus dem Handwerke heraus, welche Handwerksgewerbe vielfach zu Verlagsgewerben umzugestalten vermögen. Das sind, wie bereits erwähnt: Kapitallosigkeit und Kapitalsschwäche der Meister, mangelnde kaufmännische Fähigkeiten, geringe technische Fähigkeiten und Kenntnisse, mangelnde Uebersicht des Marktes von Seite der die Selbständigkeit Anstrebenden, excessive Konkurrenz der Handwerker unter einander und damit verbunden fortgesetztes Unterbieten im Preise, Verschlechterung der Qualität der Ware und übermässiges Wachstum der Produktion; Ursachen, die den Verlag direkt herbeizwingen, und die dadurch entstehende Grossindustrie übt dann wieder ihre eigene Wirkung aus. So haben alle diese Ursachen eingewirkt auf das Schirmmacher-

---

[1] U. S. 460, 517. [2] U. S. 427.
[3] U. S. 392.

gewerbe, indem sie den Verlag erzeugten, der nun dem Handwerker den Absatz schmälert. Ja der Verlag, der viel billiger zu arbeiten imstande ist, ist so sehr im Vorzug, dass „gar häufig der kleine Schirmmacher es vorzieht, die für seinen Laden benötigte Ware fertig anzuschaffen, wobei er den Vorteil hat, sich verschiedene Qualitäten und Muster nach Bedarf auszuwählen und innerhalb weniger Stunden in seinem Laden zu haben"[1]. Das dürfte auch allgemein das Ende des alten selbständigen Handwerks der Schirmmacherei bilden und nur die Reparaturthätigkeit wird das dauernde Ueberbleibsel desselben bilden.

Auch in der Möbeltischlerei hat der Verlag in grossem Masse Eingang gefunden. Zwar ist hier auch Fabriksarbeit möglich, allein diese scheint bei uns keine Bedeutung zu haben, denn die Klagen des Handwerks richten sich doch nur gegen die verlegenden Magazine[2]. In der Tischlerei ist im Vergleich zur Schneiderei und Schusterei das Magazin gegenüber dem Handwerk in weit grösserem Vorteil, da ja hier eine Individualisierung seltener ist und die Verschiedenheiten sich nur auf Muster oder Mass beziehen. Ueberdies fällt die lange Dauer des Produktionsprozesses dem Konsumenten oft beschwerlich, so dass er die Auswahl aus dem Lager vorzieht, umsomehr als die Reichhaltigkeit desselben ihm die Sicherheit giebt, etwas seinem Geschmack völlig entsprechendes leichter zu finden, als etwa aus Vorlagen oder Zeichnungen. Zu alledem wird der Umstand, dass das Risiko infolge der hohen Preise der Ware ein komplettes Lager nicht leicht ermöglicht, für die Möbelmagazine dadurch aufgewogen, dass die Transportkosten relativ nur unbedeutend sind, und es kann daher durch tüchtige kaufmännische Organisation[3] (Reisende, Agenten, Filialen) aus den Magazinen der Städte die Befriedigung des Konsumes auch auf grössere Entfernungen erfolgen. Wenn einzelne Meister genügendes Kapital besitzen und sich selbst ein solches Lager errichten, können sie damit allerdings die Wirkung der Magazine für sich selbst wettmachen, aber der Druck auf die übrigen Meister wird dadurch höchstens vermehrt. Dem kleinen Meister bleibt denn auch oft nichts anderes übrig als den Absatz, den er sich mangels Kapitals und kaufmännischer Fähigkeiten anderweitig nicht schaffen kann, bei den Magazinen zu suchen und seine Umwandlung in einen Heimarbeiter erfolgt um so rascher, als Kapitalmangel auf der einen und die tote Saison auf

---

[1] U. S. 139.　　　　　[2] U. S. 186.
[3] Vgl. U. S. 403.

Die Lage des Handwerks in Oesterreich. 43

der anderen Seite hiezu wesentlich mitwirken. Auch veranlasst die Aussicht, Arbeit in den Magazinen zu finden, viele Gehilfen, sich selbständig zu machen und die Konkurrenz dadurch noch zu vermehren. Das können wir nicht nur dort beobachten, wo Tischler in grösserer Menge vorhanden sind [1], sondern auch sonst ziemlich allgemein [2]. Sobald der Verlag dann einmal zum Durchbruch gekommen, sichert er sich auch hier durch Spezialisierung der für ihn Arbeitenden [3]. Gleichwohl kann es kaum zweifelhaft sein, dass das Handwerk sich doch erhält: nicht nur durch die Reparaturthätigkeit und in der Erzeugung solcher Waren, die ganz vereinzelten Wünschen oder Bedürfnissen zur Befriedigung dienen, sondern auch allgemein in der Erzeugung der einfachsten und billigsten Waren, die durch den Transport unverhältnismässig verteuert würden. Die kapitalkräftigen grösseren Handwerker können sich ferner durch Errichtung eines eigenen Lagers behaupten, und endlich kann mit der Arbeit für das Magazin noch eine mehr oder minder umfangreiche Thätigkeit unmittelbar für die Konsumenten verbunden werden. Auch die Verbindung der Möbel- mit der Bautischlerei kann das Bestehenbleiben des Handwerks ermöglichen, während die künstlerische Vervollkommnung seiner gewerblichen Fähigkeiten zwar unter sonst gleichen Verhältnissen einem Meister einen bedeutenden Vorsprung vor den anderen sichert, die Unternehmungsform seines Betriebes aber für sich allein zu erhalten nicht vermag.

Das gleiche Schicksal wie die Möbeltischler haben zum Teil auch die Tapezierer erfahren [4]. Hat aber dieses Gewerbe einerseits auf dem Lande überhaupt keine Existenz, so kann andererseits die Unterdrückung der städtischen Meister durch den Verlag sich nur auf die Erzeugung beziehen, während ihnen ihr Arbeitsgewerbe (bes. Dekorationen, Reparaturen etc.) erhalten bleiben muss [5].

Das schlagendste Beispiel endlich, wie ein Handwerk an den Schwächen seiner Meister verblutet, giebt die Muscheldrechslerei [6]. Alle oben angeführten Uebelstände treten hier in sehr intensiver Form auf, und überdies ist dem Verlag der Weg dadurch geebnet, dass es sich um ein Exportgewerbe handelt, welches entschieden kaufmännische Führung fordert; andererseits ist die Arbeit im wesentlichen Handarbeit. Solange freilich der Kunde den Verkäufer auf-

---

[1] U. S. 185. [2] U. S. 393.
[3] U. S. 186. [4] U. S. 186.
[5] U. LXII S. 104.
[6] SCHWIEDLAND, Kleingewerbe und Hausindustrie in Oesterreich, II. Die Wiener Muscheldrechsler, 1894.

sucht, sind auch die Handwerker zum Absatz vollkommen geeignet eingerichtet. Sobald dies aber aufhört und insbesondere die internationale Konkurrenz sowohl als auch die einheimische sich selbst an den Käufer zu wenden beginnt, um ihn für sich zu gewinnen, kann selbst der grössere Handwerker mit seiner bisherigen Organisation nicht mehr Schritt halten; auch er muss schliesslich Verleger werden oder aber sich selbst einem Verleger unterordnen. Die wenigen noch bestehenden Handwerksbetriebe[1] werden sich auf die Dauer also auch nicht halten können, und mit dem vollständigen Siege des Verlags geht das Handwerk vollständig unter, weil in diesem Gewerbe nicht jene Reserven bestehen, die wir bei den zuvor genannten Gewerben beobachtet haben.

Von Arbeitsgewerben finden wir in den österreichischen „Untersuchungen" nur ein einziges behandelt, die Buchbinderei. Diese ist ein Arbeitsgewerbe, soweit sie lediglich das Einbinden fremder Bücher besorgt. In der That hat sich hier das Handwerk erhalten, und wenn es einzelnen Meistern dabei nicht zum besten geht, so ist dafür meist der Mangel der nötigen persönlichen Voraussetzungen die Ursache[2]. Zwar kann die Maschine wesentlich schädigend einwirken, allein ihre Wirkungen sind in dieser Hinsicht bei uns bisher nur wenig hervorgetreten. Wohl aber schadet es dem Handwerk sehr, dass die grossen Buchhandlungen, welche die Bücher früher ungebunden herausgaben, dieselben jetzt fast ausnahmslos in Einbänden erscheinen[3] und das Einbinden regelmässig in ihren Hilfsbetrieben oder bei anderen Grossunternehmungen besorgen lassen. Wesentlich anders liegt es mit dem Buchbinderhandwerk, sobald es Geschäftsbücher, Kartonnagen etc. also Waren erzeugt, mithin soweit es Arbeitsgewerbe zu sein aufhört. Hier hat die siegreiche Fabrik alle diese kleinen Handwerksbetriebe verdrängt, so dass neben ihr nur noch mittlere Betriebe zu existieren vermögen und dem Handwerk dieser Zweig seiner Thätigkeit völlig entzogen wurde[4].

Wie in dem Arbeitsgewerbe der Buchbinderei muss sich das ganze Handwerk wohl in den meisten Arbeitsgewerben erhalten, auch in jenen, welche durch Beschränkung ihrer früheren Thätigkeit erst Arbeitsgewerbe geworden sind. Ebenso auch in jenen Produktionsgewerben, deren Erzeugnisse einen weiteren Transport nicht zulassen, wie bei den Bäckern, Metzgern und, wie oben erwähnt, bei den Konditoren, soweit es sich um Erzeugnisse des täglichen Bedarfes handelt.

---

[1] A. a. O. S. 167.   [2] U. S. 671.
[3] U. S. 670, vgl. auch U. LXIV S. 201 und U. LXX S. 341.
[4] U. S. 672.

Nach alledem kann kein Zweifel bestehen, dass das Handwerk noch besteht, trotzdem einzelne Zweige völlig vernichtet und andere in ihrer Thätigkeit geschmälert wurden, und dass es auch bestehen bleibt, trotzdem dieser Abbröcklungsprozess, wie wir gesehen, noch nicht vollendet ist. Schon diese letzterwähnte Thatsache muss daran mahnen, Vorsichtsmassregeln zu treffen gegenüber den Fortschritten dieses Prozesses. Aber auch sonst ist es wert, die Frage zu erörtern, ob denn das Handwerk wehrlos und unabwendbar den vorgenannten Einwirkungen ausgesetzt ist oder ob nicht vielmehr diese nach allen Richtungen oder doch wenigstens nach der einen oder anderen Seite behoben werden können. Das soll nun im folgenden geschehen.

V.
Die Versuche zur Lösung der Handwerkerfrage.

a) Die Panaceen der Handwerkerpartei.

Bei Lösung der Handwerkerfrage muss stets festgehalten werden, dass es sich nicht um Gewährung von Standes- oder Klassenprivilegien handelt, und dass die Förderung des Handwerks niemals durch Belastung anderer Stände oder unter Aufopferung eines gleichwertigen wirtschaftlichen oder staatlichen Faktors geschehen darf. Auch handelt es sich dabei ebensowenig um Rettung des Handwerks um jeden Preis, als eine Lösung in der Form erfolgen könnte, dass die standesgemässe Existenz eines jeden Handwerkers etwa durch staatliche Garantie, wie es DROSTE[1] verlangt, gesichert wäre. Unter Festhaltung dieses Standpunktes sind zwei Ziele zu verfolgen: einerseits das Handwerk dort, wo es existenzfähig und wirtschaftlich berechtigt ist — und das letztere ist es nicht, sobald und soweit die Maschine, nicht auch schlechthin jeder andere Grossbetrieb, so gut oder so billig arbeitet, wie es der Handwerker nicht vermag — als Grundlage sicherer Existenzen des Mittelstandes zu erhalten, und andererseits die durch den Abbröcklungsprozess im Handwerk drohende Proletarisierung der untergehenden Meister nach Möglichkeit zu verhindern. Der erste Zweck ist gleichbedeutend mit dem Streben nach Erhaltung eines gewerblichen Mittelstandes von selbständigen Unternehmern. Ein besonderes Interesse, dass dies gerade Handwerksmeister sind, besteht natürlich nicht. Die Frage wird völlig befriedigend auch

---
[1] „Die Handwerkerfrage", 1884, citiert bei JÄGER, l. c. S. 335.

dann gelöst, wenn etwa in ihren Betrieben Maschinen in überwiegender Weise in Verwendung kommen, oder wenn sonst ein wesentliches Merkmal des alten Handwerks fehlt: nur dürften diese Betriebe im allgemeinen die Durchschnittsgrösse eines Handwerksbetriebes weder nach aufwärts noch nach abwärts bedeutend überschreiten. Die zweite Aufgabe ist im Gegensatz zur ersten jeweils nur von vorübergehender Dauer und von beschränktem Umfange; auch hier handelt es sich darum, das Sinken aus der Klasse zu vermeiden, das Festhalten der Selbständigkeit ist aber nicht wesentlich. Natürlich können die anzuwendenden Mittel nur auf Grund und nach Massgabe der Ursachen gefunden werden, denen sie entgegenwirken sollen.

Ist die Grossindustrie der Feind, so wäre es das einfachste, sie zu beseitigen, wenn es möglich wäre und man das Handwerk um jeden Preis retten wollte. In der That haben sich selbst für diesen Plan Stimmen erhoben; so verlangte Prinz LICHTENSTEIN in einer Parlamentsrede[1] die Unvererblichkeit und Unveräusserlichkeit der Fabriken, die nach dem Tode ihres Besitzers an die Gewerbegenossenschaft fallen sollten, und HITZE[2] fordert überhaupt Ablösung der jetzigen privatkapitalistischen Magazine und Fabriken. Im Ernst ist an die Verwirklichung dieser Pläne, die ohne die schwerste Erschütterung unseres gesamten Rechtssystems sich ja überhaupt nicht realisieren liessen, natürlich nicht zu denken. Speziell der Vorschlag von HITZE ist ein gewaltiger Schritt zur Ueberführung des Privateigentums an den Produktionsmitteln in Gesamteigentum, ein Schritt, der unmöglich auf die Fabriken beschränkt bleiben könnte. Aber nehmen wir selbst an, dass er als ganz isolierter möglich wäre, was soll denn mit den expropriierten Fabriken und Magazinen geschehen? Sie ganz zu beseitigen und an ihre Stelle wirtschaftlich unvergleichlich minderwertige Faktoren setzen, dürfte wohl kaum beabsichtigt sein. Den Staat zu ihrem Eigentümer machen, hiesse auch nichts anderes, als die Person des Unternehmers wechseln. Also bleibt nur übrig, dass Fabrik und Magazine bestehen bleiben, aber nicht mehr als das Eigentum einzelner, sondern als Betriebe von Genossenschaften, die alle Handwerker in sich schliessen; hier begegnen sich also beide oben genannten Vorschläge. Nehmen wir nun selbst an, dass dies alles wirklich geschehen sei, so wäre der Nutzen für das Handwerk doch ein höchst problema-

---

[1] Citiert bei SIG. MAYER a. a. O. S. 125.
[2] „Schutz dem Handwerk", 1883, bei JÄGER, l. c. S. 303.

tischer. Eine Konkurrenz durch die Fabrik wäre allerdings jetzt ausgeschlossen, denn der Handwerker ist ja selbst Teilhaber der Fabrik. Dabei ist er auch Arbeiter in der Fabrik und hat also seine Selbständigkeit verloren. Dass damit auch das „Handwerk" verloren gienge, wäre nicht zu beklagen, wenn der Handwerker nur dabei gerettet würde. Aber auch das ist nicht zu erwarten. Denn da jeder Handwerker schon als solcher Mitglied der Genossenschaft sein müsste und damit zugleich den Nutzen aus der Fabrik ohne weiteres zu beziehen berechtigt wäre, so würde der Zudrang zu diesem Handwerk, dem man auch durch Einführung des strengsten Befähigungsnachweises nicht begegnen könnte, diesen Nutzen für den Einzelnen bald auf ein sehr geringes Mass herabdrücken. Dabei muss überhaupt noch die weitere Voraussetzung gemacht werden, dass die Genossenschaft auch imstande sein wird, diese grossen Unternehmungen mit Erfolg zu betreiben, eine Voraussetzung, deren Erfüllung nach unseren bisherigen Erfahrungen in Wirklichkeit höchst zweifelhaft erscheint. Man sieht, trotz allem, was wir als wirklich annehmen wollen, kommen wir mit diesen Vorschlägen doch zu keinem befriedigenden Ergebnisse. Die Vorschläge selbst geben übrigens auch keinen Aufschluss, wie sich ihre Realisierung zu gestalten habe, sondern begnügen sich mit der oben gegebenen allgemeinen Fassung.

Kann man nun aber die Konkurrenz der Grossindustrie nicht vernichten, so will man sie doch wenigstens beschränken; einen anderen Zweck verfolgt wohl die österreichische Handwerkerpartei[1] nicht, wenn sie verlangt, dass auch „Inhaber von fabriksmässigen Unternehmungen, sofern sie handwerksmässige Erzeugnisse anfertigen", den Befähigungsnachweis zu erbringen hätten. Dass dagegen die gewichtigsten Bedenken obwalten, soll später nachgewiesen werden.

Ist nun der Grossindustrie nicht nahezukommen, so doch vielleicht eher dem Handel, und in der That beschäftigen sich mit diesem und zwar besonders mit dem Kleinhandel alle unsere Handwerkerkongresse, um ihm mehr oder minder einengende Schranken zu ziehen. Am einschneidendsten ist dabei die Forderung, dass

---

[1] „Das gewerbliche Programm, Gesamtveröffentlichung der Beschlüsse und Resolutionen des IV. österreichischen Gewerbetages etc., 1894, S. 8 ad § 1; Antrag LICHTENSTEIN (mit den Beschlüssen des IV. österreichischen Gewerbetages, 1890, fast wörtlich gleichlautend) vom 15. April 1893 im Anhang I, S. 1081 ff. des stenographischen Protokolls der Gewerbeenquête im österreichischen Abgeordnetenhause, 1893 (auch bei MAYER, l. c. S. 351 ff.).

„der Handel mit Erzeugnissen der an den Befähigungsnachweis gebundenen Handwerker den Handwerkern vorbehalten bleibe"[1]. Da die Zahl dieser Handwerke zugleich vermehrt werden soll und sich diese Handelsbeschränkung (gilt sie übrigens nur für den Absatz unmittelbar an den Konsumenten oder überhaupt? Nur für den inländischen Handel oder auch für den Export?) auch auf die betreffende fabriksmässig erzeugte Ware bezieht, so wäre damit der selbständige Handel grösstenteils beseitigt. Die Grossindustrie müsste sich dann, wenn sie nicht auf den Absatz im Inland verzichten wollte und ihr der unmittelbare Export gestattet wäre, als des unbedingt nicht zu entbehrenden Zwischenhändlers der grösseren Handwerker bedienen, d. h. der Unterschied gegen früher wäre der, dass der Kaufmann jetzt den Befähigungsnachweis liefern müsste und dass für jedes Handwerkserzeugnis Spezialkaufleute bestehen würden, da der offiziell noch immer Handwerker genannte Kaufmann doch nicht den Befähigungsnachweis für mehrere Gewerbe haben wird. Dazu könnte noch hinzutreten, dass durch den Befähigungsnachweis viele Kapitalisten vom Handel ferngehalten würden. Dann würde das Kapital aber für jeden, der ausser diesem noch den Befähigungsnachweis hat, ein Monopol schaffen, das sicherlich nicht zum Vorteile der kleinen Meister würde ausgenützt werden. Aus alledem geht klar hervor, dass damit zur Rettung des Handwerks auch nicht ein Schritt gethan wäre, und dabei soll doch der bestehende Handel zum Teil vernichtet werden. Und erst die Schwierigkeiten einer praktischen Durchführung: Soviel Handwerke ebensoviel Arten von Kaufleuten, die nur die Erzeugnisse ihres Handwerkes veräussern, aber auch allein veräussern dürfen. Und liesse sich das in einer grossen Stadt noch immerhin durchführen, wenn auch für einzelne Handwerke daraus eine sehr traurige Existenz resultieren würde, wo sollen die Konsumenten denn ihren Bedarf decken, wenn ein Handwerker eines einzelnen Gewerbes an kleinen Orten überhaupt fehlt? Oder wie soll sich das erst auf dem Lande gestalten? Und wer soll Fabrikerzeugnisse verkaufen dürfen, an welchen mehrere Handwerker gearbeitet haben? Die Forderung soll übrigens sich nicht beziehen auf jene Artikel, „deren kaufmännischer Vertrieb sowohl im Interesse der Konsumenten als der Produzenten liegt". Das ist aber zweifellos bei allen Artikeln ohne Ausnahme der Fall; sind aber nur (und aus den Beispielen Seilerwaren, Quincaillerie etc. liesse sich das immerhin schliessen) die

---

[1] Programm S. 11, Antrag ad § 38.

hausindustriell erzeugten gemeint, weil bei dieser ein selbständiger Absatz durch die Erzeuger von vornherein ausgeschlossen erscheint, so wäre damit eine Prämie für den Verleger gegeben, der im Gegensatz zum Fabrikanten zum freien Handel berechtigt wäre. Allerdings wird die engere Deutung der Ausnahme durch einen Zusatz nicht gerade bestätigt, da dieser „dagegen den Handel mit handwerksmässigen Erzeugnissen, deren Herstellung an Vorarbeiten gebunden ist, welche sich nach den individuellen Bedürfnissen der Konsumenten richten, dem Handwerk vorbehält. — Massnehmen zu Kleidern und Schuhen". Man sieht, die Sache ist schon nach dem Antrage unklar, und an eine Realisierung schon deshalb nicht zu denken. Nur zu der letzten Forderung vollzieht die Regierungsvorlage der Gewerbenovelle[1] eine schwache Annäherung. Den Handel mit Kleidern und Schuhen kann man allerdings dem Handwerk nicht vorbehalten, wenn aber der Reichenberger Gewerbekongress (1894) fordert[2], dass das Massnehmen handwerksmässiger Erzeugnisse den Gemischtwaren-Verschleissern und -Händlern und den Konfektionären verboten werde, so kommt die Regierungsvorlage dem wenigstens teilweise entgegen. Ihr § 38 gestattet zwar im allgemeinen dem Händler das Massnehmen, während die Erzeugung dem „befähigten" Handwerker bleibt; für Kleider und Schuhe aber, wo die Frage der Berechtigung zum Massnehmen gerade von Belang ist, soll diese nicht dem Kaufmann schlechthin, sondern nur demjenigen zustehen, der ein „auf diese Warenkategorie beschränktes Handelsgewerbe" angemeldet hat, weil das Massnehmen zu Kleidern und Schuhen „in der That schon eine gewisse Fachkenntnis erfordere, welche nur den Produzenten oder jenen Händlern eigen sind, welche sich speziell mit diesem Artikel befassen" und weil ein Bedürfnis, sie auch den Gemischtwarenhändlern zu gewähren, nicht bestehe[3]. Also Massnehmen dürfen die Konfektionäre, nicht aber die Gemischtwarenhändler. Man versteht diese Bestimmung erst, wenn man sich an den Eifer erinnert, mit dem die letzteren überhaupt durch die Gewerbepartei verfolgt werden, und der neue § 38 ist nur ein,

---

[1] Regierungsvorlage betreffend die Abänderung und Ergänzung der Gewerbeordnung S. 1355 der Beilagen zu den stenographischen Protokollen des Abgeordnetenhauses, XI. Session, 1895. Ein Teil derselben, betreffend das Lehrlings- und Gewerbegenossenschaftswesen, wurde in der jüngsten Gewerbenovelle vom 23. Februar 1897, Reichsgesetzblatt No. 63, Gesetz.
[2] Programm S. 32.
[3] Motive zur Regierungsvorlage S. 71 f.

allerdings selbst nach eigenem Geständnisse der Vorlage kleines, Opfer, das damit dieser Gegnerschaft dargebracht wird. Diese feindliche Tendenz gegen den Gemischtwarenhandel tritt auch sonst mehrfach hervor. So fordern die Handwerker die Beschränkung des Handelsgewerbes nur „auf bestimmte Waren oder bestimmte Kategorien von Waren"[1] und weiters wird „in Erwägung, dass durch Ueberhandnehmen des Gemischtwarenverschleisses das handwerksmässige Gewerbe stark geschädigt wird"[2], die Ausschliessung bestimmter Waren aus dem Bereiche des Gemischtwarenhandels gefordert. Lässt diese Begründung an Deutlichkeit auch nichts weiter zu wünschen übrig, so ist es doch eine starke Zumutung an die Gesetzgebung, diese Schädigung allein schon genügen zu lassen, um einem anderen Stande so weitgehende Beschränkungen aufzuerlegen; eine Rechtfertigung dafür ist auch nur vom einseitigen Interessenstandpunkt zu geben. In der parlamentarischen Gewerbeenquete hat man von Seite der Kleinbetriebe[3] auch nach anderen Gründen gesucht, obzwar auch hier vor allem die Schädigung des „kleinen Mannes" ins Feld geführt wurde, nicht nur des Handwerkers, sondern auch des kleinen Handelsmannes; man wirft dem Gemischtwarenhandel unter anderem sanitäre Uebelstände vor, die aber bloss durch Minderung der Anzahl der Warensorten sollen beseitigt werden können. Gegen die Gemischtwarenverschleisser, wozu ja auch der Greisler, der eigentliche Kaufmann der Armen gehört, wird aber sogar die „Verteuerung des Lebens der Armen durch den Verkauf winziger Quantitäten"[4] ins Feld geführt! Musste da erst in der Enquete darauf hingewiesen werden, dass der Arme den Gemischtwarenverschleiss notwendig brauche, weil er nur kreuzerweise einkaufen könne? Gleichwohl ist die Regierung bereit, in dieser Frage zum Teil die Forderungen der Handwerker zu erfüllen, und in dem Entwurf einer Verordnung betreffend die Regulierung des Gemischtwarenverschleisses, an die Handelskammern zur Begutachtung herabgelangt[5], welche alle Waren aufzählt, die ihm zu verhandeln freistehen soll, fehlt eine grosse Anzahl seiner bisherigen Artikel[6]. Trotz dieser Aufzählung wird

---

[1] Programm S. 11.
[2] Programm S. 31.
[3] S. Ebenhoch, Die mündliche Gewerbeenquête in Oesterreich, 1894, S. 13.
[4] l. c. S. 13.
[5] Bei S. Mayer, l. c. IV. Anhang S. 356 f.
[6] Erklärung der Genossenschaft der Gemischtwarenverschleisser bei Mayer, l. c. S. 358.

noch ausdrücklich bestimmt, dass vom Gemischtwarenverschleiss alle nicht angeführten, „insbesondere alle übrigen von handwerksmässig betriebenen Gewerben erzeugten Waren" ausgeschlossen sind. In diesen Worten, die recht deutlich die Konzession an die Handwerker hervorheben sollen, dürfte auch der Kernpunkt der ganzen Verordnung liegen: nützen kann sie nämlich dem Handwerk nicht, weil ja der Gemischtwarenhändler, der sich vom Verschleisser wesentlich nur durch die höhere Steuerleistung unterscheidet, von ihr nicht berührt wird. Den Schaden haben aber jedenfalls der Verschleisser und der arme Konsument, der nicht leicht wie von diesem auch vom grösseren Händler, der ihn ja seltener von Person kennen kann, Kredit erhalten wird.

Es zeigt sich überhaupt in der Handwerkerbewegung so häufig ein Kampf gegen wirtschaftlich tiefer Stehende, von deren Unterdrückung oder Beschränkung man Hilfe erhofft. Wie gegen die Verschleisser wird er auch gegen die Hausierer geführt. Die besondere Vehemenz der Angriffe gegen die Hausierer erklärt sich dabei daraus, dass diese einerseits als Pioniere der Grossindustrie deren verderbliche Konkurrenz überall hintragen, selbst dorthin, wohin der sesshafte Handel ihre Produkte noch nicht gebracht hat, und dass sie andererseits auch sonst durch die wesentlich durch ihre geringen Selbstkosten (unter denen ihre eigene Lebenshaltung auch wieder nur einen bescheidenen Teil ausmacht) ermöglichten niedrigen Preise und durch ihr Selbstaufsuchen der Kundschaft diese zuweilen dem Handwerk, wohl öfter übrigens dem sesshaften Handel entziehen. Um sie zu unterdrücken, fordert man die Festsetzung einer Maximalquantität, bis zu welcher sie verkaufen dürfen [1] oder in weit radikalerer Weise [2] die Ausschliessung sämtlicher handwerksmässig erzeugten Waren vom Hausierhandel; überdies soll jede Gemeinde das Recht haben, den Hausierhandel gänzlich abzuschaffen. Man übersieht dabei nur, dass namentlich die letzte Forderung in ihrer Verwirklichung sehr stark den Charakter einer Expropriation tragen würde, für welche als genügender Rechtsgrund die Forderung des „allgemeinen Besten" erst nachzuweisen, dann aber wiederum auch eine Entschädigung zu leisten wäre. Auch besteht absolut keine Sicherheit dafür, dass der Nutzen aus diesen Beschränkungen dem Handwerke und nicht vielmehr dem Handel zufliessen würde.

---

[1] Programm S. 14.
[2] Auf dem Reichenberger Kongress, 1894; Programm S. 31.

Merkwürdig erscheint ferner der Kampf der Handwerkerpartei gegen die Erwerbs- und Wirthschaftsgenossenschaften[1]: alle bestehenden Ein- und Verkaufsgenossenschaften sollen aufgehoben werden, die Begründung neuer soll den Gewerbegenossenschaften vorbehalten bleiben. Das sonst so hochgehaltene Mittel der Selbsthilfe für die unteren Klassen soll beseitigt werden, weil dadurch einigen Kaufleuten und vielleicht einigen Handwerkern Konkurrenz gemacht wird. Nur den Handwerkern soll dieser Schatz gewahrt bleiben; nur schade, dass eben diese so geringen Gebrauch davon machen.

Gegen die erwähnten Beschränkungen der Handelsfreiheit muss nach alledem Stellung genommen werden. Soweit eine derartige Beschränkung zu billigen ist, kann dies höchstens vom Standpunkte der bereits zum Schlagworte gewordenen Bekämpfung des unlauteren Wettbewerbs aus geschehen. Alle anderen Beschränkungen tragen in erster Linie diesen beschränkenden Charakter, während sie gar nicht oder nur in geringem Masse das Handwerk zu fördern geeignet sind. Sie schaden mithin ohne auch zu nützen.

b) Die Kleinmotoren.

Von einer anderen Seite als die bisher erwähnten Mittel greifen in den Konkurrenzkampf zwischen Handwerk und Grossindustrie jene ein, welche als primären Zweck die Hebung und Stärkung des Handwerks verfolgen. Da die Fabrikskonkurrenz durch ihre billigere oder bessere Ware gefährlich wird, so muss man suchen jenes in die Lage zu versetzen, ebenso billig bezw. ebenso gut zu erzeugen.

Betrachten wir zunächst den Billigkeitspunkt. Wer in der Maschine allein den Grund für die Macht der Grossindustrie erblickt, wird natürlich geneigt sein, jenes Ziel schon für erreicht zu halten, wenn man dem Handwerk die motorische Kraft ebenso billig oder nicht viel teurer zu verschaffen vermag und so wird dann leicht in den Kleinmotoren die Rettung des Kleingewerbes gesehen. Ganz begeistert ruft ein Anhänger derselben aus[2]: „Durch die Kleinkraftmaschinen haben wir eine Epoche der Rückbildung, der Dezentralisation vor uns. Sowie wir seit etwa einem halben Jahrhundert das Kleingewerbe an Terrain verlieren sahen der Grossindustrie gegenüber, die Schritt

---

[1] Programm S. 30.
[2] JOLL, Die wichtigsten Kleinkraftmaschinen etc., 1870; citiert bei BÖHMERT, Gegenwart und Zukunft des Kleinbetriebes, im „Arbeiterfreund", Jahrg. XVI, 1878, S. 219.

für Schritt das erstere aus einem Gewerbezweig nach dem anderen hinausdrängte, so werden wir den entgegengesetzten Vorgang in dem vor uns liegenden Säkulum beobachten können." Bisher allerdings hat man noch keine Erfahrungen gemacht, die zu solchen Hoffnungen auch nur im entferntesten berechtigen. Die österreichischen „Untersuchungen" erwähnen nur einmal einen Kleinmotor, der überdies für eine Genossenschaft angeschafft werden soll, der Prager Handelskammerbericht[1] weist für den ganzen Sprengel 17 (darunter 10 in Selchereien!), der Brünner[2] 16 Kleinmotoren auf. In der letzten Zeit bemüht sich die Gewerbeförderungsaktion um ihre Verbreitung durch Ausstellen derselben im kleingewerblichen Saal des technologischen Gewerbemuseums in Wien und bei sonstigen gewerblichen Ausstellungen, sowie durch deren leihweises Ueberlassen oder Erleichterung ihrer Bezahlung[3]. Gleichwohl sind sie bei uns noch sehr wenig verbreitet. Würde schon das die Verwirklichung jener Erwartung bedeutend hinausschieben, so bestätigen auch die Erfahrungen, die man mit ihnen gemacht hat, durchaus nicht jene Hoffnungen. So konstatieren die deutschen „Untersuchungen" (in Deutschland sind die Motoren in häufigerer Verwendung[4]), dass selbst in der Drechslerei, wo ihre Verwendung wegen ununterbrochener Benützungsmöglichkeit besonders vorteilhaft sein sollte, ihr Gebrauch doch nur bei relativer Grösse des Betriebes von Nutzen sein kann, weil zur Deckung der Kosten allein die ununterbrochene Beschäftigung von vier Gesellen durch 300 Arbeitstage zu je zehn Stunden erforderlich wäre[5]. Dass in den Gewerben, wo eine ununterbrochene Arbeit an der Maschine unmöglich ist, die Verhältnisse noch ungünstiger liegen, versteht sich von selbst. Für diese würde also selbst eine bedeutende Minderung der Kosten eine Ausnützung nicht immer ermöglichen. Kraftmaschinen eignen sich eben immer nur für die grossen Handwerker, weil nicht nur zur Ermöglichung der Rentabilität eine möglichst ständige Benützung nötig ist, sondern auch weil die Anschaffung immer grösseres Kapital erfordert. Der

---

[1] S. 72*.
[2] S. 18.
[3] Bericht des k. k. Handelsministeriums über die Verwendung des zur Förderung des Kleingewerbes bewilligten Kredites während 1892—94, 1895, 1896; Wien 1895, 1896, 1897.
[4] Die betreffenden Daten s. bei ALBRECHT, Die volkswirtschaftliche Bedeutung der Kleinkraftmaschinen, in den Jahrbüchern für Gesetzgebung und Verwaltung Bd. XIII S. 12 ff.
[5] U. LXIV S. 132.

Motor allein kostet ja heute weit über 1000 fl.[1], und dazu kommen noch die Anschaffung der zu betreibenden Maschinen, Erweiterung der Werkstatt und zahlreiche andere kleinere Mehrausgaben; das alles zusammen macht dann eine Summe aus, die für den Durchschnitts-Handwerker nur selten erschwinglich ist. Daran kann natürlich der Umstand nichts ändern, dass bei Berechnung der Kosten nur eine niedrige Amortisationsquote eingestellt wird. Das macht eben rechnungsmässig keine Schwierigkeit, aber leider steht ein derartiger so günstiger Kredit dem Kleingewerbe höchst selten zu Gebote. Gerade von diesem letzten Gesichtspunkte aus sind die erwähnten Bestrebungen zur Verbreitung der Motoren durch die Kleingewerbebeförderungsaktion beachtenswert, welche besonders durch Gestattung von Ratenzahlungen den Ankauf erleichtert. Beide Uebelstände — die Notwendigkeit steter Benützung und die grossen Anschaffungskosten — wären vermieden, wenn es möglich wäre, die motorische Kraft von einer fremden Quelle nach Bedarf zu beziehen und nach Massgabe des Bezuges zu bezahlen. Derartige Einrichtungen bestehen bei uns nur in ganz verschwindender Zahl[2], und auch in Deutschland nur vereinzelt[3]. Mag aber auch dadurch die Kraft für den Betrieb sehr billig werden, heute sind solche Einrichtungen so vereinzelt und dabei noch immer relativ so kostspielig, dass man auch für die Zukunft ohne kolossale technische Umwälzung hiemit nicht das Problem gelöst hat, „die Kraft unabhängig zu machen vom Kapital"[4]. Aber selbst wenn es gelingen würde, die motorische Kraft damit ganz ausserordentlich zu verwohlfeilen, wo besteht denn die Sicherheit, dass dem Grossbetrieb diese Vorteile nicht mindestens in gleichem, wahrscheinlich aber noch höherem Grade zugute kommen? Und wie erst, wenn der Grossbetrieb für sich selbst dann die Quelle schaffen würde, deren wohlfeile Kraft er dem einzelnen Meister abgiebt, der aber dann für ihn arbeitet als Heimarbeiter? Das hiesse doch wohl nichts anderes als eine neuerliche Stärkung der Stellung des Verlegers gegenüber den Verlegten. Und diese Möglichkeit ist keine so fernabliegende, sie drängt sich einem unausweichlich auf, wenn man einen begeisterten An-

---

[1] S. Preise von Motoren und Berechnungen der Kosten für eine P.-S. von Slaby bei ALBRECHT, l. c. S. 514; ferner U. LXIV S. 132.

[2] U. S. 619 werden Unternehmungen in Wien erwähnt, welche Dampfkraft vermieten.

[3] S. z. B. STEGLICH, Ueber die Zukunft der Handwerksarbeit, im „Arbeiterfreund", Jahrg. XXI, 1883, S. 220, ferner U. LXV S. 311 f., 384.

[4] REULEAUX, Theoretische Kinematik § 137; citiert bei BÖHMERT, l. c. S. 217.

hänger dieser Kraftübertragung diese als sichere Hilfe der Kleinbetriebe preisen hört[1]: „Für die scheinbar wichtigste Klage der Gegner unserer sozialen Entwicklung, dass durch sie die grosse Mehrzahl der Menschen zur Arbeitsleistung in grossen Fabriken verdammt würde ... auch hiefür trägt der natürliche Gang der Entwicklung des naturwissenschaftlichen Zeitalters das Heilmittel in sich. Die Notwendigkeit grosser Fabriken zur billigen Herstellung von Verbrauchsgegenständen ist wesentlich durch die gegenwärtig noch geringe Entwicklung der Maschinentechnik bedingt. Grosse Maschinen geben die mechanische Arbeitsleistung bisher noch viel billiger als kleine, und die Aufstellung der letzteren in den Wohnungen der Arbeiter stösst auf grosse Schwierigkeiten. Es wird aber unfehlbar der Technik gelingen, dieses Hindernis der Rückkehr zur konkurrenzfähigen Handarbeit zu beseitigen und zwar durch Zuführung billiger mechanischer Arbeitskraft, dieser Grundlage aller Industrie, in die kleineren Werkstätten und die Wohnungen der Arbeiter. Nicht eine Menge grosser Fabriken ... ist daher das Endziel der Entwicklung des Zeitalters der Naturwissenschaften, sondern die Rückkehr zur Einzelarbeit". Also nicht Vereinigung in der Fabrik, sondern Arbeit des Einzelnen „zuhause"! Aber die Schwärmerei für die Heimarbeit gehört doch wohl nur mehr einer längst verflossenen Periode an.

Aber lassen wir diese Zukunftsmusik und prüfen wir den wirtschaftlichen Wert der Kleinmotoren für die Gegenwart. Die grösste Anzahl der Handwerker ist, wie gesagt, nicht imstande, sie anzuschaffen. Wurde aber ein solcher Motor doch in den Betrieb eingestellt, dann heisst es zu seiner Ausnützung mehr produzieren als bisher. Kann der Meister nun auch alle seine Produkte zu entsprechenden Preisen absetzen, dann ist dieser Schritt gelungen und die Verwendung des Motors bedeutet für ihn eine wesentliche Förderung. Ist dies aber nicht der Fall — und das wird seltener ohne des Unternehmers Verschulden geschehen etwa durch plötzlich hereinbrechende Krisen, öfter aber durch dasselbe, z. B. weil er zu wenig kaufmännische Fähigkeiten besitzt oder in Unkenntnis der ungünstigen Marktlage diese Betriebserweiterung vorgenommen, oder weil er schlecht arbeitet — dann kann er wohl billiger erzeugen, diese billigen Erzeugnisse aber nicht absetzen. Er muss also den Betriebsumfang wieder einschränken, d. h. er kann die Maschine nicht in dem Grade ausnützen, wie es

---

[1] WERNER SIEMENS, Vortrag, gehalten auf der 59. Versammlung deutscher Naturforscher und Aerzte, 1886.

nötig wäre, um mit der Fabrik in den Preisen konkurrieren zu können. Das zeigt, dass die Verwendung des Kleinmotors allein nicht genügt, um das Handwerk zu retten, dass er kein Universalheilmittel für dasselbe ist. Kann er doch auch nicht in jedem Handwerk verwendet, auch sonst nicht jedem Meister empfohlen und noch weniger von jedem angeschafft werden. Neben dem Motor müssen eben noch andere Voraussetzungen da sein: nur für einzelne grössere unter den Handwerksbetrieben, die genügendes Kapital und dazu genügende kaufmännische Organisation zur Erlangung des erforderlichen Absatzes besitzen, wird er von Vorteil sein und ihre Stellung gegenüber der Grossindustrie und vor allem gegenüber den technisch zurückstehenden Handwerksbetrieben sichern. Für die grosse Menge der kleinen Betriebe aber hat er keine Bedeutung; vielleicht gewinnt er sie auch für diese — und das ist die einzige Möglichkeit — durch die Genossenschaft[1]. Doch davon soll unten die Rede sein.

c) Kreditorganisation.

Es ist also nicht die Maschine allein, die der Grossindustrie ihren Vorzug giebt. Oft wirkt sie ja überhaupt gar nicht oder nur in beschränkter Weise hiezu mit. Es ist das Kapital der eine Faktor, welcher verbunden mit und geleitet von dem zweiten, der technischen und kaufmännischen Bildung, ihr eine überlegene Stellung verschafft. Durch diese ist sie in den Stand gesetzt, grossartige Maschineneinrichtungen und andere kostspielige, aber lohnende technische Hilfsmittel zu verwenden, durch diese ist sie im Vorteil beim Einkauf des Rohstoffes, den sie wegen der Grösse ihres Bedarfes besser und billiger erhält als der Kleinbetrieb, und ebenso beim Absatz ihrer Produkte; wie sie denn überhaupt bei Ein- und Verkauf nur selten gedrängt ist, sondern warten oder dem Bedürfnis vorauseilen kann, wenn es die Ausnützung günstiger Konjunkturen gilt. Dazu kommt der mit der Zunahme des Kapitals oft unverhältnismässig wachsende Kredit. Die unmittelbare Wirkung aller dieser Ursachen ist dann die relative Billigkeit der Produkte. Genügt auch das Kapital allein ohne den zweiten Faktor nicht, sie hervorzurufen, so ist es doch eine wesentliche Voraussetzung derselben,

---

[1] Wenn hier und im folgenden von „Genossenschaft" gesprochen wird, so sind darunter die SCHULTZE-DELITZ'schen oder nach österreichischer Terminologie „Erwerbs- und Wirtschaftsgenossenschaften" verstanden; die Genossenschaften der österreichischen Gewerbeordnung sollen im Gegensatz hiezu „gewerbliche Genossenschaften" oder nach der reichs-deutschen Bezeichnung „Innungen" genannt werden.

und es wäre ein wichtiger Schritt zur Lösung unserer Frage gemacht, wenn wir das Kapital dem Handwerke ganz allgemein zugänglich machen könnten. Dabei ist es wohl überflüssig über Vorschläge wie: man solle den Antritt des Gewerbebetriebes vom Nachweise eines bestimmten Betriebskapitals abhängig machen, oder aber der Staat solle dem Handwerker das Kapital geben, weiter zu sprechen. Denn damit der erste Vorschlag Erfolg haben könne, müsste ein relativ grosses Kapital bestimmt werden, und damit würde für die armen Handwerker ewige Unselbständigkeit statuiert, für die reichen hingegen ein Monopol geschaffen werden. Der zweite Vorschlag könnte allerdings helfen, aber warum soll dann nicht auch jeder Andere, Bauer, Handelsmann, Fabrikant etc. vom Staate das ihm nötige Kapital beanspruchen dürfen?

Haben aber die Meister das Kapital nicht, dann giebt es nur den einen Weg, es ihnen durch den Kredit zu verschaffen. Aber da heisst es ja im Leben, je minder bemittelt der Schuldner, desto kleiner (wenn er überhaupt gewährt wird) und mit Rücksicht auf die hohe Gefahrprämie und die Kosten der zersplitterten Kreditierung, desto teurer ist der Kredit. Was also der kapitalistischen Grossindustrie in grossem Masse und billig zu Gebote steht, kann der Handwerker nur in beschränktem Umfange und teuer erhalten. Die bisherige Kreditorganisation kennt einen Ausweg nicht; hier heisst es also neues schaffen oder etwaige schwache Ansätze erweitern und ausbauen. Auch die Kreditgenossenschaft kann nämlich nicht Wandel schaffen; denn eine solche der kleinen Meister würde, da ja eine Genossenschaft höchstens die Summe der Kreditwürdigkeit ihrer Mitglieder besitzen kann, auch nur geringen Kredit und zu hohen Preisen geniessen. Die vermögenden Meister werden aber in einer solchen auch keinen Platz haben. Zwar würde durch ihren Beitritt die Möglichkeit der Bildung eines grösseren Fonds geschaffen werden, welchen die kleinen Meister aufzubringen nicht vermöchten, und damit wäre auch grösserer und billigerer Kredit zu erlangen. Aber dann liesse sich die Frage der Zuteilung des Kredits an die Mitglieder nicht leicht befriedigend lösen. Würde diese nämlich nach Massgabe der Einlagen des Einzelnen erfolgen, dann wäre der Zweck der Kreditgewährung für die kleinen Meister vereitelt, da diese eben nur sehr wenig einlegen können. Geschähe sie aber zu gleichen Teilen, dann müssten die vermögenden ein Opfer bringen zugunsten jener, und sie werden sich davor wohl ebenso hüten wie vor dem Tragen der rechtlichen Verantwortung für die Genossenschaft als ihre Mitglieder, da sie ihre Vorteile ja nicht geniessen. Man kann dagegen nicht die Institution der deutschen Genossenschaftsbanken ins Feld führen, da diese ja gar nicht den Zweck haben, jedem würdigen Meister Kredit zu gewähren, sondern nur demjenigen kreditieren, der einen Geschäftsanteil bezahlt hat, und auch diesem immer nur im Verhältnis zu seiner Einlage[1]. Derartige Kreditorganisationen können eben wie alle Kreditgenossenschaften nur einer „Elite", den kapitalkräftigen unter den Handwerkern, von Vorteil sein, während sie den kleineren keine Hilfe bringen können.

Kann also dem Kapitalmangel durch das Handwerk selbst weder durch den Einzelnen noch durch eine Vereinigung abgeholfen werden, dann könnte dies nur von aussen geschehen durch den Staat oder durch andere öffentliche Körperschaften. Dabei ist es klar, dass es sich nicht um eine Schenkung handeln kann, sondern im wesentlichen um Errichtung von Kreditinstituten, die die Kreditgewährung an das Kleingewerbe als Hauptzweck verfolgen und bei denen ein etwaiger Verlust durch jene Faktoren auszugleichen wäre[2]. Würden diese Institute aber jedem Handwerker schon als solchem Kredit gewähren, dann würde dies ja zum grossen Teil doch auf eine Schenkung herauskommen, und ihr Bestand wäre nur von kurzer Dauer. Auch könnte mit demselben Rechte jeder notleidende kapitalsarme Stand dieselbe Forderung stellen. Es ist eben überhaupt nicht erreichbar, dass jedem Einzelnen stets genügender Kredit zu entsprechenden Preisen gesichert sei, und auch die staatliche oder sonstige Unterstützung könnte hieran nichts ändern. Was aber durch diese erreicht werden soll, ist eine Förderung, die nicht dem Einzelnen in seiner Vereinzelung zukommt, sondern dem Einzelnen als Glied einer Vereinigung. Dem Einzelnen kann der Kredit zur Hebung seines Kapitalmangels nicht gegeben werden, man giebt ihm also wenigstens den Vorteil, den der Kredit ihm nach der einen oder anderen Richtung bieten könnte, aber nur mittelbar durch das Medium der Genossenschaft, sei es der gewerblichen oder der Erwerbsgenossenschaft. Dadurch kann zugleich eine gleichmässigere Verteilung dieser Vortheile gesichert werden, und sind das Risiko und die Kosten geringer wie bei Kreditgewährung an den Einzelnen, während andererseits die Möglichkeit der Konzentrierung des Kredites

---

[1] Vgl. U. LXV S. 408.
[2] Vgl. dazu die Petition der Prager Handels- und Gewerbekammer an den böhmischen Landtag vom 1. Jan. 1896 behufs Errichtung einer Kreditanstalt für das Kleingewerbe; U. S. 197 ff.

auf eine weit geringere Anzahl ihn unmittelbar Geniessender dessen Wirkungen jedenfalls vervielfachen muss. Mag nun auch die Genossenschaft nur selten als Kreditgenossenschaft den empfangenen Kredit an ihre Mitglieder weiter übertragen, so müssen die Vorteile desselben ihnen dennoch, je nachdem sie Rohstoff-, Magazin-, Produktiv-Genossenschaft ist, wenigstens nach einer bestimmten Richtung hin zu gute kommen. Die Innung kann natürlich den Kredit auch zur Errichtung von Schulen u. dergl. verwenden, und in diesem Fall tritt eine materielle Förderung ihrer Angehörigen nicht unmittelbar ein, doch dürfte dies wohl auch nur vereinzelt vorkommen. Jedenfalls aber würde die Erleichterung des Kredits einen sehr wohlthätigen Anstoss zur regeren Genossenschaftsbildung wie zur häufigeren Errichtung „gewerblicher Geschäftsunternehmungen auf gemeinschaftliche Rechnung" von Seite der Innung geben und dadurch auch die mit diesen verbundenen Vorteile verbreiten, wie andererseits auch sichern[1].

Wozu braucht es aber überhaupt der Errichtung staatlicher

---

[1] Wie sehr Kreditgewährung eine Genossenschaft fördern kann, dafür liefert ein lehrreiches Beispiel die Rohstoffgenossenschaft der Schuster in Prag. Der Leiter einer Prager Privatbank (Kreditgenossenschaft) leitete im Sommer 1896 unter den Schustern eine lebhafte Bewegung ein, die schliesslich dazu führte, dass ca. 30 Meister sich zu einer Rohstoffgenossenschaft vereinigten. Diese Genossenschaft trat zugleich mit der obigen Bank in ein derartiges Kreditverhältnis, dass diese jener für ihren gesamten Bedarf Kredit einräumte unter der Bedingung, dass von der Genossenschaft an niemanden auf Kredit verkauft werden dürfe, die Einnahmen täglich an die Bank abzuliefern wären und das Warenlager der Bank Pfandsicherheit zu bieten habe. Die Rohstoffgenossenschaft, die nun mit Einlagen der Genossenschafter im Gesamtbetrage von nur wenigen hundert Gulden ihre Thätigkeit begann, war durch den ihr gewährten Kredit imstande, im ersten Monate einen Umsatz von über 1000 fl. zu erzielen, im zweiten Monate beinahe das Dreifache, während der Umsatz des 14. Monates bereits über 11 000 fl. betrug und der Gesamtumsatz des Jahres 1897 sich auf ca. 100 000 fl. stellen dürfte! Die Zahl der Mitglieder hat sich dementsprechend auch auf über 100 vermehrt, während das eingezahlte Kapital der Genossenschafter andauernd unverhältnismässig gering ist. Es musste ferner eine Filiale errichtet werden, und eine in einem Vororte bestehende Rohstoffgenossenschaft beschloss ihre Auflösung, um sich an diese Genossenschaft anzuschliessen. Wie mein Gewährsmann versicherte, ist es gar nicht unwahrscheinlich, dass in absehbarer Zeit alle Prager Schuster ihren Bedarf an Rohstoffen nur bei der Genossenschaft bezw. bei ihren Filialen decken werden. Trotz der schwachen Kapitalfundierung hat die Genossenschaft derzeit ein Warenlager im ungefähren Werte von 25 000 fl. Die Blüte der Genossenschaft kann natürlich nicht allein auf Rechnung des gewährten Kredites gesetzt werden, sehr grossen Einfluss hat auch die ausgezeichnete kaufmännische Leitung, die allerdings gleichfalls eine unmittelbare Folge der engen Verbindung mit dem

Kreditinstitute und deren Subventionierung? Liegt der Grund für jene im gegenwärtigen Mangel einer Institution, welche die Gewährung gewerblichen Kredites auch nur in obigem beschränkten Umfange sich zur Aufgabe gesetzt hätte, so liegt die Ursache für diese in dem Verluste, der sich bei Lösung dieser Aufgabe ergeben sollte. Denn der Zweck dieser Anstalten ist nicht nur, Kredit zu geben, sondern auch ihn billig, d. h. zum landesüblichen Zinsfusse zu bieten, ohne dass also die erhöhte Risikoprämie einen Ersatz für Verluste durch ausbleibende Rückzahlung gewährt. Doch soll das nicht etwa so weit gehen, dass jeder Genossenschaft ohne weiteres beliebiger Kredit gewährt wird; auch hier müssten die Grundlage der kreditwerbenden Unternehmung, die materielle wie die geistige Fundierung und die Aussichten ihres Bestandes geprüft werden, nur eben nicht so rigoros wie von privaten Kreditinstituten, und nicht mit ausschliesslicher Zugrundelegung ihres Kapitalbesitzes. Dabei würden jedenfalls die gewerblichen Genossenschaften wie die von ihnen gegründeten Unternehmungen bevorzugt sein müssen, weil sie als Zwangsgenossenschaften alle Gewerbetreibenden, auch die bemittelten, einschliessen. ein Defizit durch ihr Zwangsumlagerecht und ihre sonstigen gesetzlichen Einkünfte decken können, sie ferner grössere Sicherheit für dauernden Bestand bieten und selbst ihre Auflösung die Rechte Dritter nicht beeinträchtigt[1]. Uebrigens wird die erforderliche Unterstützung nicht zu gross sein müssen, weil der Schaden zum Teil durch anderweitige Gewinnste ausgeglichen werden kann und mit Kreditgeber ist. Die Genossenschaft übt übrigens mittelbar einen sehr wohlthätigen Einfluss auch für die in keinerlei Geschäftsverbindung mit ihr stehenden Meister aus. Denn da es ihr ferne liegt, bei Fixierung ihrer Preise einen engherzigen privatwirtschaftlichen Gesichtspunkt vorwalten zu lassen, zwingt sie auch die übrigen Rohstoffhändler zu gleichen und gleichmässigen Preisen und bewirkte damit auch eine ziemlich beträchtliche Herabsetzung derselben. — Diese Genossenschaft wurde etwas ausführlicher besprochen, weil sie beweist, wie sehr der Kredit zu helfen vermag, und weil sie andererseits zeigt, wie auch ohne Intervention öffentlicher Körperschaften wirksam vorgegangen werden kann. Denn die Bank erhält für die Kreditgewährung und Geschäftsführung eine angemessene Vergütung, so dass sie, auch abgesehen vom persönlichen Interesse ihres Leiters, einen geschäftlichen Nutzen aus dieser Genossenschaft zieht. Das beweist aber, dass auch andere Kreditinstitute dabei ihren Vorteil finden müssen, wenn sie solche Organisationen ins Leben rufen und durch ihren Kredit stützen. Dabei wird der Umstand, dass der Gläubiger am wirtschaftlichen Gedeihen seines Schuldners stets lebhaft interessiert ist, ein wohlthätiges Korrektiv für mangelnde kaufmännische Fähigkeiten der Leitung des schuldnerischen Unternehmens bilden können.

[1] Vgl. §§ 114, 115, 129 Gew.O.

einer gewissen Vorsicht ja vorgegangen werden soll; dazu kommt inbetracht, dass die Zahl der Kreditwerber anfangs nur gering sein wird, da die gewerbliche Genossenschaft ihn nicht ohne weiteres, sondern nur für eine Anstalt zur Beförderung der geistigen oder besonders der materiellen Wohlfahrt ihrer Mitglieder beanspruchen kann und solche Anstalten bisher nur in geringer Anzahl bestehen[1], und da auch die Zahl der gewerblichen Wirtschaftsgenossenschaften bei uns nur eine sehr niedrige ist[2]. Eine etwa durch die Aussicht auf günstigen Kredit beförderte Zunahme könnte nur allmählich eintreten und dürfte dann durch die inzwischen erfolgte Erstarkung älterer Schuldner wettgemacht werden.

Trotzdem könnte die Frage der Zulässigkeit der Förderung eines einzelnen Standes auf Kosten der Gesamtheit aufgeworfen werden; diese Frage ist zu bejahen, wenn die Förderung dieses einen Standes auch eine solche für die Gesamtheit einschliesst, und wenn die Kosten auch im Verhältnisse zu dem zu erreichenden Erfolge bleiben. Praktisch wurde bei uns die Frage im bejahenden Sinne entschieden, wie die vom Staate und anderen öffentlichen Korporationen zur Förderung des Kleingewerbes sei es im allgemeinen oder zu speziellen Zwecken gewidmeten Summen beweisen[3], welche zum Teile (z. B. Gestattung von Zahlungserleichterungen bei Ueberlassung von Motoren) auch schon jenen Zweck verfolgen.

Neben dem niedrigen Zinsfuss wäre gleichfalls von nicht geringer Bedeutung für die Schuldner die Art der Rückzahlung. Da nämlich eine baldige Zahlung des ganzen Kapitals auf einmal ihnen bisweilen überhaupt unmöglich wäre, sie aber fast immer aufs äusserste erschöpfen würde, so muss die Möglichkeit der allmählichen Amortisation ins Auge gefasst werden. Natürlich müsste mit Rücksicht auf die lange Dauer dieses Prozesses bei derartiger Kreditgewährung mit noch grösserer Vorsicht vorgegangen

---

[1] S. später.
[2] Nach dem österreichischen statistischen Handbuche, XV. Jahrg., 1896, S. 211 bestanden in ganz Oesterreich ausser Vorschuss- und Konsumvereinen im Jahre 1896 andere Erwerbs- und Wirtschaftsgenossenschaften: 562, wovon doch nur ein Teil auf solche gewerblicher Natur entfällt.
[3] S. den citierten Bericht über Verwendung des zur Förderung des Kleingewerbes bewilligten Kredites für 1895 S. 5: Darnach bewilligte das Parlament für 1896 den Betrag von 135 500 fl., der sich dann durch Zuwendung der Länder und Handelskammern bis auf ca. 200 000 fl. erhöhte; ferner widmete der Landtag von Böhmen zur Förderung des Personalkredites des Kleingewerbes und Kleinhandels von Böhmen anlässlich des fünfzigjährigen Regierungsjubiläums des Kaisers 500 000 fl.; s. U. S. 197.

und ihre Anwendung bei Erwerbsgenossenschaften mit Rücksicht auf deren mögliche Auflösung nur auf Fälle grösster Garantie eingeschränkt werden.

Wie gross die staatliche (bez. von anderen öffentlichen Körperschaften zu gewährende) Dotation dieser Anstalten und speziell der fonds perdu sein müsste, lässt sich nur auf grund eingehender Untersuchungen feststellen, die ebenso wie die der Organisationsfrage dieser Institute und ihrer sonstigen Gebarung über den Rahmen dieser Arbeit hinausgehen.

In der Meinung, dass die bisherigen Einrichtungen ebensowenig wie die Genossenschaften die Frage des gewerblichen Kredits zu lösen vermögen, und in der Forderung nach Staatshilfe — allerdings nur in dem obigen beschränkten Umfange — befinden wir uns auch in Uebereinstimmung mit der Handwerkerpartei[1].

d) Produktivgenossenschaften.

Können aber auch die Handwerker sich das mangelnde Kapital nicht selbst verschaffen, so können sie doch einzelne Uebelstände, die aus seinem Mangel erwachsen, aus eigener Kraft beseitigen. Ist der Handwerker im Nachteil beim Einkaufe des Rohstoffes, weil er in kleinen Quantitäten und schon deshalb sowie infolge der zahlreichen Zwischenhändler bis zum Detaillisten und vielfach auch wegen seiner auf der Kreditierung beruhenden Abhängigkeit vom Händler teuerere und meist auch schlechtere Ware erhält, so müsste sich das wesentlich ändern, sobald die genossenschaftlich vereinten Meister selbst im grossen den Rohstoff einkaufen. Dann wäre auch in den kleinsten Quantitäten die gute Qualität gesichert, und würde eine ungerechtfertigte Erhöhung der Preise nicht stattfinden, diese sich vielmehr durch die Dividende erniedrigen. Auch zur Begründung einer Rohstoffgenossenschaft ist natürlich Kapital erforderlich. Allein da hier der Vorteil sich auf alle Genossenschafter nach Massgabe ihres Bedarfes verteilt, werden sich die kapitalkräftigen Meister selten zurückziehen. Denn selbst wenn sie für sich allein schon in grösseren Quantitäten einkaufen, können sie dennoch hier noch immer grösseren Nutzen ziehen, und die Beteiligung der kleinen Meister, selbst wenn diese nur einen sehr niedrigen Anteil einzahlen können, muss ihnen erwünscht sein, weil diese zugleich Kunden für das Unternehmen bedeuten. Durch die Beteiligung der grossen Meister wird aber nicht nur bessere Fundierung des Unternehmens,

---

[1] Programm S. 32.

sondern auch dessen grössere Kreditwürdigkeit bewirkt, wie denn hier auch die angeschaffte Ware eine gewisse reale Sicherheit für die Gläubiger bietet. Soweit aber der Vorteil der Genossenschaft nur auf die kleineren beschränkt wäre (z. B. weil das anzuschaffende Material minderer Qualität nur von ihnen verwendet wird), würde schon der Kapitalmangel allein die Assoziierung hindern, und nur jene oben erwähnte Kreditorganisation könnte diese ermöglichen. Der Bestand der Genossenschaft ist aber bei vorhandenem Kapital oder Kredit bei entsprechender Leitung, die technisch und kaufmännisch wohlgeschult sein muss, gesichert durch den zuverlässigen Absatz an ihre Mitglieder, die ja ihren Bedarf vollständig bei ihr decken, und dieser Absatz kann, abgesehen von Krisen, nur durch den Wechsel der Mitgliederzahl, deren Abnahme zum mindesten sich nur langsam vollzieht, eine Aenderung erfahren. Es werden eben, soweit nicht Kapitalschwierigkeiten, namentlich im Anfange, eintreten, vor allem Mängel in der Leitung des Unternehmens sein, welche dessen Gedeihen unmöglich machen. Nicht unerwähnt bleibe ein Hindernis, das heute bisweilen den Anschluss an eine Genossenschaft verhindert, nämlich die auf starker Verschuldung beim Rohstoffhändler beruhende völlige Abhängigkeit des kleinen Meisters von diesem, welche natürlich auch sonst die Bedrückung in sehr scharfer Form zur Folge hat[1].

Wie wir oben gesehen haben, kann für den Kleinbetrieb der Motor nicht Verwendung finden, da er wegen seiner grossen Kosten entweder nicht angeschafft oder doch nicht ausgenützt werden kann. Dadurch ist der kleine Handwerker der motorischen Kraft ebenso wie mancher Maschine beraubt und steht damit auch bezüglich der Technik dem Grossbetrieb sehr nach. Aber auch dafür bietet ihm die Genossenschaft eine Hilfe; was der Einzelne nicht anschaffen kann, weil ihm die Mittel dazu fehlen, das wird die Vereinigung leichter kaufen können, die Zahl ihrer Mitglieder sichert die Ausnützung, ebenso wie ja auch die Kraft mit Zunahme der erforderlichen Menge verhältnismässig billiger wird. Allerdings ist hiezu viel Kapital erforderlich; aber das Interesse, das die wohlhabenderen unter den Handwerkern eigentlich in höherem Grade daran haben, sollte gerade ihre Beteiligung veranlassen. Dazu sichern die für Benützung der Kraft zu entrichtenden Gebühren eine baldige Amortisation, und begründen damit in grösserem Masse die Kreditwürdigkeit der Unternehmung. Allerdings wird hier be-

---

[1] Vgl. U. LXII S. 295.

sondere Tüchtigkeit der Leitung notwendig sein. Natürlich beseitigt die Realisierung der Genossenschaft nur den technischen Nachteil für die ihr angehörenden Betriebe, die übrigen Verhältnisse bleiben dadurch ungeändert und damit auch die übrigen Nachteile der Kleinbetriebe bezw. die übrigen Vorteile der Grossindustrie. Vor allem, wo bei einem Produkte ausschliesslich oder doch fast ausschliesslich Maschinenarbeit Verwendung findet, wird die Grossindustrie schon wegen der grösseren Menge ihrer Erzeugnisse immer billiger arbeiten, und der Kleinbetrieb kann hier niemals Schritt halten; aber je mehr die Handarbeit gegenüber der Maschine hervortritt, desto besser erscheint die Lage des Handwerks gegenüber der Grossindustrie, wenn es sich auch in genügend billiger und guter Weise die erforderliche Maschinenarbeit schaffen kann. Und dass andererseits die Maschinenbenützung zur Ausdehnung der Produktion führt, diese aber oft am mangelnden Absatze scheitert, auch dem kann durch diese Genossenschaft allein nicht abgeholfen werden.

Die Formen, in welchen eine Maschinen- oder Werkgenossenschaft eingerichtet werden kann, sind: Kraftvermietung durch Uebertragung in die Werkstätten, die kostspieligste, zugleich aber auch die einzige Form, die bei sehr grosser Anzahl von Mitgliedern in einer grossen Stadt möglich ist, und überdies die bequemste und vorteilhafteste für die Benützenden, da ihre Benützung ihnen jederzeit zugänglich ist; oder die Zentralisierung der (getrennt bleibenden) Werkstätten in einem Gebäude, sei es der ganzen Werkstättenthätigkeit oder bloss für die Maschinenarbeit. Das erstere ist gut durchführbar bei einer geringen Anzahl von Meistern, denen die Verlegung des Betriebes in diese Zentrale keine Schwierigkeiten macht, das letztere könnte leicht durch Zeitverlust und Kosten infolge des dadurch notwendig werdenden Transportes von der Werkstatt zur Maschine und wieder zurück den Vorteil der Maschine sehr verringern. Dieses letzte Hindernis würde teilweise auch dort bestehen, wo die Maschinenarbeit durch die Genossenschaft in der Art besorgt würde, dass diese zwar in gemeinsamer Werkstätte vorgenommen würde, nicht aber von den Angehörigen der einzelnen Betriebe, sondern von Arbeitskräften, die von der Genossenschaft eben zu diesem Zwecke angestellt wurden, so dass also das auf diese Weise fertiggestellte Teilprodukt dem Handwerk zur Vollendung überliefert wird, nachdem dieses vielleicht auch die vorher erforderlichen Vorarbeiten mit der Hand hergestellt hat.

Für jene Gewerbe, für deren Produkte ausschliesslich Maschinenarbeit in Verwendung kommt, ist das Kleingewerbe jedenfalls verloren, hier kann, wie gesagt, auch die Maschinengenossenschaft nichts nützen. Wohl giebt es aber eine Hilfe für deren Meister: können sie nicht als Kleinbetriebe existieren, dann müssen sie, wenn sie nicht untergehen wollen, eben selbst den Grossbetrieb unternehmen, und das Mittel hiezu ist die Produktivgenossenschaft. Da aber dieselbe völliges Aufgeben der gewerblichen Selbständigkeit des Einzelnen und ein Unterwerfen unter die Leitung erfordert, die sich in den Händen der Tüchtigsten befinden muss, werden sich die besser gestellten Betriebe, wenigstens so lange sie es noch sind, nicht dazu entschliessen. Deshalb wird hier auch Kapitalmangel ein fast steter Uebelstand sein. Die Kreditgewährung durch staatliche Institute würde hier besonders fördernd wirken und die gänzliche wirtschaftliche Vernichtung vieler Meister verhindern können. Freilich ist bei dieser Genossenschaft, wenn es ihr gelingt, sich zu behaupten, die baldige Umwandlung in einen kapitalistischen Betrieb unvermeidlich, aber wenn diese aus den ehemaligen Handwerkern Aktionäre macht, so ist der Zweck, sie wirtschaftlich zu erhalten, erreicht, und er ist nur dann verfehlt, wenn er sie auch nur zum grösseren Teile in Fabriksarbeiter verwandelt. Das Letztere ist nur zu vermeiden, wenn die Vermögens- bezw. Gewinnstanteile sich auf die einzelnen Genossenschafter gleichmässig verteilen. Das geschieht aber nur selten. Trotzdem sehen Manche in den Produktivgenossenschaften die endliche Form und das Schicksal des Handwerks[1].

Was vor allem aber die Grossindustrie vor dem Kleingewerbe voraus hat, das ist ihre grossartige Absatzorganisation. Ist dieselbe auch wesentlich von der tüchtigen kaufmännischen Leitung bedingt, so ist doch auch das Kapital ihre unentbehrliche Voraussetzung, und vor allem gilt dies bezüglich des unmittelbaren Absatzes an die Konsumenten, für welchen Magazine, Schauläden, reiche Warenlager, Reklame etc. der Grossindustrie den Absatz selbst dann sichern, wenn ihre Ware in keiner Weise die des Handwerks übertrifft. Die Handwerker sind nämlich ihrer überwiegenden Mehrzahl nach nicht in der Lage, sich aller dieser Mittel zu bedienen, bisweilen nur deshalb nicht, weil ihnen das nötige Kapital fehlt. Und in jenen Produkten, die nur im grossen, besonders als Exportartikel gehandelt werden, sind sie infolge der kleinen Menge ihres Erzeugnisses ausserstande, selbst als Händler aufzutreten, und bedürfen daher des Kaufmannes als Vermittlers. Und doch, was wäre in allen diesen Fällen näher liegend als die Assoziation, um das,

---

[1] Z. B. KOBATSCH, l. c. S. 847, s. S. 1 Anm. 2.

was der Einzelne nicht erreichen kann, wenigstens allen gemeinsam zugänglich zu machen? Das würde geschehen durch die Magazinsgenossenschaften, welche Läden und Warenlager halten für den Detailverkauf und durch die Absatzgenossenschaften, die den Verkauf im grossen zu besorgen hätten. Für beide Genossenschaften, besonders für die letztere, wäre eine tüchtige kaufmännische Leitung ein unbedingtes Erfordernis. Die unmittelbaren Kosten der ersteren liessen sich leicht ziemlich niedrig stellen durch Verzicht auf weitläufige Räumlichkeiten, zahlreiches Personal etc., — nur dass dadurch wieder manchmal der Zweck leiden könnte, — bei der letzteren werden sie nach dem einzelnen Gewerbe und dessen Verhältnis zur Kundschaft, insbesondere mit Rücksicht auf die Notwendigkeit von Agenten, Reisenden, Filialen etc., sich verschieden gestalten. Aber eine weit wichtigere Frage als diese ist doch, ob der kleine Meister überhaupt imstande ist, im ersten Fall viel auf Lager zu arbeiten, im zweiten auf die Bezahlung seiner Ware solange zu warten, wie es die Abwicklung der Geschäfte und eventuell eine in dem betreffenden Artikel übliche Kreditgewährung mit sich bringt. Bei dem gewöhnlichen Kapitalmangel wird diese Frage für eine grosse Zahl von Handwerkern verneint werden müssen. Dagegen gäbe es nur zwei Mittel: entweder die Genossenschaft entschliesst sich, gleich bei Ablieferung der Ware dieselbe ganz oder teilweise zu bezahlen — aber in die Bezahlung nur an die minder Bemittelten werden die wohlhabenderen nicht leicht einwilligen, während die Vorausbezahlung an alle unthunlich und höchstens mit einem niedrigen Bruchteil des Preises durchführbar wäre —; oder aber sie setzt voraus, dass alle Genossenschafter ihren Lebensunterhalt aus ihrer sonstigen Beschäftigung oder früheren Einnahmen einstweilen bestreiten können, sucht nur ihnen für ihre verarbeiteten Rohstoffe, deren Bezahlung ihnen eben besondere Schwierigkeiten machen könnte, Kredit zu verschaffen und zwar durch die mit der Absatzgenossenschaft verbundene Rohstoffgenossenschaft. Die Errichtung einer solchen liegt ja hier schon deshalb nahe, weil alle Genossenschafter daran interessiert sind, dass nur Waren aus gleichmässigem und gutem Material abgesetzt werden. Natürlich müsste dann die Rohstoffgenossenschaft kapitalkräftig genug sein, um auf die Bezahlung warten zu können, die sich dann allerdings unmittelbar aus den Einnahmen der Absatzgenossenschaft realisieren liesse. Man sieht, dass das Kapital eben auch hier eine sehr wichtige Rolle spielt und dass durch Kreditgewährung auch nur an einer Stelle oft im weiteren Umfang geholfen werden kann.

Jede Absatzgenossenschaft drängt aber auch noch nach anderer Richtung hin zur Vertiefung der Genossenschaftsidee, und zwar zeigt sich dies in der Lösung der Frage, ob es jedem Mitgliede gestattet sein kann, nach Belieben viel zu erzeugen und dafür den genossenschaftlichen Vertrieb zu fordern. Es ist klar, dass die Frage an Wichtigkeit gewinnen muss, wenn zugleich einer der beiden oben genannten Vorteile allen oder einem Teile der Meister gewährt wird. Zwar bei der Magazinsgenossenschaft tritt die Vertiefung der Idee nicht so deutlich hervor, da hier der Kunde vom Lager auswählt, eine Bestellung nur selten ist und die Einwirkung von Seite der Genossenschaft auf die Produktion des Einzelnen nur eine negative sein könnte, indem ihm verwehrt wird, seine Ware über eine bestimmte Stückzahl hinaus ins Magazin einzubringen. Positiv wirkt sie nur bei etwaigen Bestellungen durch Verteilung derselben an die Mitglieder. Aber die Genossenschaft für den Absatz im grossen muss direkt organisierend auf die Produktion einwirken, da hier ihr ganzer, sei es auf Bestellung hin zu deckender oder aber voraussichtlicher Bedarf notwendig nach bestimmten Grundsätzen den Einzelnen zugeteilt werden muss. Damit ist — und noch mehr bei gleichzeitiger Errichtung einer Rohstoffgenossenschaft — im wesentlichen eine Annäherung an die Produktivgenossenschaft erfolgt, von der sie sich jedoch durch völlige Selbständigkeit des Produktionsprozesses sowie auch der Produktion, soweit sie die zugeteilte Menge überschreitet, unterscheidet. Natürlich wäre dieser Absatz und diese Erzeugung im grossen durch zahlreiche Kleinbetriebe nur möglich, wo ein dezentralisierter Betrieb durchführbar ist, also keine grosse Maschine zur Anwendung kommt, und die Handarbeit überwiegt. Es würden sich dazu also vor allem jene Gewerbe eignen, wo heute der Verlag herrscht. Und wenn, wie wir oben sahen, mehrfach der Verlag dadurch herbeigeführt wurde, dass es den Meistern an Absatz fehlte, und sie diesen sich nur dadurch verschaffen konnten, dass sie sich in wirtschaftliche Abhängigkeit vom Kaufmann begaben, so muss er wieder aufgehoben oder sein Wachstum zumindest verhindert werden können, wenn an Stelle des Kapitalisten die Absatzgenossenschaft der verlegten und nunmehr wieder selbständig gewordenen oder auch nur der vom Verlag bedrohten Meister träte. Statt des Kapitalisten die Genossenschaft! Hier zeigt sich aber auch schon die Achillesferse. Bei der heutigen Wirtschaftsverfassung könnte es hier ja doch nur heissen statt des Einzelkapitalisten das Kapital der Genossenschaft setzen, und dann erst wäre ceteris paribus, d. h. hier vor allem bei gleich tüchtiger Leitung des Unternehmens, der gleiche Erfolg zu erzielen. Aber an alledem fehlt es dem Verlegten ja vollständig. Nur soweit die Unterwerfung unter den Verlag noch nicht völlig geschehen ist, wäre eine solche Vereinigung wenigstens im kleinen Massstabe durchzusetzen, die zwar dann noch immer auf den Kaufmann, aber doch nicht auf einen einzigen angewiesen wäre und demselben gegenüber jedenfalls eine bessere Stellung einnehmen würde, als der Einzelne. Vor allem aber wäre sie zu wünschen und durchzuführen, wo der mangelnde Absatz des Handwerkers nur auf die mangelnde Absatzorganisation zurückzuführen ist. Das würde, wie wir oben gesehen, die Spezialbetriebe in ihrer Selbständigkeit erhalten können, ebenso wie auch die Betriebserweiterung durch Verwendung von Motoren dadurch ermöglicht oder gesichert würde. Und ebenso verlangt nach Regelung des Absatzes durch die Magazingenossenschaft das Kunsthandwerk, dem ja gleichfalls der mangelnde Absatz so oft die Selbständigkeit unmöglich macht, und bei dem auch die Voraussetzungen für diese Organisierung durch die bessere materielle Lage und die höhere geistige Qualifikation dieser Handwerksmeister in grösserem Masse vorhanden sind.

Im vorhergehenden wurde die Genossenschaft als Heilmittel für viele Schäden des Kleingewerbes bezeichnet. Sollte allerdings aus den gesammelten Erfahrungen diese Ansicht durch wirkliche Erfolge der Genossenschaften bewiesen werden, so könnten den einzelnen Erfolgen[1] ebensoviele oder noch mehr Misserfolge entgegengestellt werden. Das spricht aber keinesfalls gegen die Idee der Genossenschaft; denn wenn man die Ursachen der Misserfolge sucht, so zeigt sich immer ein Mangel an der einen oder anderen oder auch an mehreren wesentlichen Voraussetzungen für ihr Gedeihen, der unter gewissen Bedingungen behoben werden kann. Eine solche ist einmal das nötige Kapital sowohl für die Gründung als für den Bestand und ebenso die entsprechend tüchtige technische und kommerzielle Leitung. Da diese letztere der Kosten halber meist nicht von aussen genommen werden kann, so hängt die Frage, ob sie ihrer Aufgabe genüge, davon ab, ob sich unter den Mitgliedern Personen befinden, die diese Eigenschaften besitzen und ob sich diese auch Anerkennung und Geltung zu verschaffen wissen. „Soll das genossenschaftlich vereinte kleine Kapital mit wirklich gleichen Waffen dem Grossbetrieb gegenüberstehen, so muss es auch Bildung und Intelligenz in gleichem Umfang ins Feld führen können, und

---

[1] Z. B. U. S. 188 ff., 198; dagegen S. 37.

daran hat es bis jetzt nur zu häufig gefehlt. Man hat zu wenig bedacht, dass zwar hundert kleine Kapitalien einem grossen Kapital gleichkommen können, dass aber hundertmal Unbildung vereint niemals Bildung wird"[1]. Es würde freilich die zur Leitung erforderliche Bildung Einiger schon genügen, wenn sie von den Uebrigen nur erkannt wird, die sich ihr auch unterwerfen, wobei aber auch selbstverständlich eine grössere Anzahl Tüchtiger die Leitung nur umsomehr sichert und durch die Möglichkeit der Kontrolle das Aufkommen des hier besonders gefährlichen Misstrauens hindert. Für die Begründung von Genossenschaften ist aber vor allem nötig wirtschaftliche Einsicht und wirtschaftliches Verständnis des einzelnen Handwerkers dafür, dass der Hauptfeind des Kleingewerbes die Grossindustrie sei; dass die geänderten Verhältnisse auch andere Waffen im Konkurrenzkampfe erfordern; dass die Vorteile der Assoziation zwar auch dem konkurrierenden Meister, aber doch zumindest in gleicher Weise auch ihm selbst zugute kommen, und dass sie vor allem geeignet ist, seine Stellung gegenüber der grossindustriellen Konkurrenz zu stärken; dass durch einzelne Formen (Magazin-, Absatzgenossenschaft) nicht nur ihm ein direkter Vorteil zukommt, sondern auch eine Verringerung der Konkurrenz der Mitmeister, da sie ja hier unter ganz gleichen Verhältnissen wie er auftreten, mithin für den Absatz auch nicht günstiger gestellt sind; dass ferner besondere Vorteile seines Betriebes (z. B. besondere Tüchtigkeit der Arbeit oder gut zahlende Kundschaft mit festem Bedarf etc.) ihm ja vollkommen gewahrt bleiben; und schliesslich, dass mithin sein eigener Vorteil das Gedeihen der Genossenschaft erfordert, dass dieses aber ihm die Unterordnung seines Willens unter den der Gesamtheit auferlegen muss. Diese Einsicht fehlt aber den meisten heutigen Meistern, und sie kann nicht vorhanden sein, weil der grossen Masse der Handwerker besonders auf dem Lande und in den kleineren Städten das nöthige Verständnis für wirtschaftliche Fragen fehlt. Für die heutigen Handwerker wird denn auch die Genossenschaft nicht ihre wahre Bedeutung besitzen können, damit muss wohl gewartet werden auf die Meister des kommenden Jahrhunderts, die, wenn ausgerüstet mit der nötigen „politischen Bildung", auch in der Lage sein werden, sich dieses Schutz- und Kampfmittels der Kleinen in ausgedehntem Umfange und in wirkungsvoller Weise zu bedienen.

---

[1] DANNENBERG, Korreferat über die Reform der Gewerbeordnung, in den Schriften des Vereins für Sozialpolitik, XIV S. 208.

Solange aber diese persönlichen Voraussetzungen mangeln, ist an eine umfassende Genossenschaftsbildung nicht zu denken, und will man diese, so muss auch hier die Arbeit begonnen werden. Alles andere, vor allem administrative oder gesetzliche Förderungen bleiben immer nur Stückwerk bei jenem Mangel, und das wäre auch bei der obigen Kreditorganisation der Fall, obzwar die durch sie gegebene Möglichkeit der Erlangung günstigeren Kredites den Handwerkern die Vortheile der Genossenschaft unmittelbar vor die Augen rücken würde. Wie wenig dazu gesetzliche Massregeln beitragen können, hat man am besten an unseren gewerblichen Zwangsgenossenschaften gesehen. Was wäre doch näher gelegen, als diese, korporative feste und dauernde Organisation mit ihrem Vermögen und ihren Einkünften, deren Erweiterung ja das Zwangsumlagerecht leicht möglich macht, in grossem Umfange zur wirtschaftlichen Förderung der Genossenschafter, die ihnen ja durch das Gesetz selbst als Aufgabe gesetzt ist, zu verwenden. Und doch haben unter den 5317 gewerblichen Genossenschaften in Oesterreich nur 33 „besondere", d. h. den gemeinsamen Gewerbebetrieb fördernde Anstalten[1]. Man hat eben durch die Zwangsgenossenschaft zwar die Form geschaffen, aber der Geist fehlt. Allerdings die Regierung sieht den Fehler nur in Mängeln der Form. „Infolge der bisherigen Bestimmung des § 115 Abs. 2", sagen die Motive der Regierungsvorlage zum neuen § 115a[2], „wonach kein Mitglied der Genossenschaft zur Teilnahme an den im § 114 Abs. 1 erwähnten gemeinschaftlichen Institutionen und Anlagen wider seinen Willen herangezogen werden kann, konnten bisher derartige Unternehmungen, welche sich, wie Rohstofflager, Verkaufshallen, gemeinsamer Maschinenbetrieb u. s. w. für das Kleingewerbe als sehr nützlich erweisen, nicht leicht ins Leben gerufen werden, da sich immer wenigstens ein opponierendes Mitglied in der Genossenschaft fand, und hieran die Errichtung der Anlage auf Kosten der Genossenschaft scheiterte. Auch konnte das Vermögen der Genossenschaften für derartige Zwecke nicht nutzbar gemacht werden." Die neue Bestimmung des § 115a geht nun dahin, dass nunmehr zur Begründung solcher Anlagen, zur Beteiligung der Genossenschaft an denselben oder zur materiellen Förderung aus den Mitteln der Genossenschaft die qualifizierte Majorität genügen solle, wozu übrigens als Korrektiv wie als Schutz der Ueberstimmten, die ja wenigstens an den

---

[1] Mataja, Die gewerblichen Genossenschaften in Oesterreich, in Jahrbücher f. Nationalök. u. Statistik, 1896, S. 732.
[2] l. c. S. 98.

Lasten der Unternehmung teilzunehmen gezwungen sind, die behördliche Genehmigung hinzuzutreten hat[1]. Mag nun auch das Verständnis der Behörde, der diese Genehmigung zusteht, für die Beurteilung der einschlägigen wirtschaftlichen Fragen wie immer beurtheilt werden, bedenklich bleibt hier vor allem die hiedurch notwendigerweise eintretende Verzögerung, die es leicht bewirken kann, dass der günstige Augenblick für die Gründung versäumt werde oder der Eifer der Teilnehmer, der ja immer im Anfang am grössten ist, allzu rasch schwinde. Durch die Aufhebung des Erfordernisses der Einstimmigkeit ist immerhin ein Hindernis weggefallen; aber was bisher der Genossenschaftsbildung in grossem Umfange entgegenstand, das war ja doch nicht ein Hindernis, das der Entfaltung des Strebens nach ihrer Begründung im Wege stand, das war doch gerade das Fehlen dieses Strebens selbst, und die Ursachen dieses Mangels, die wir ja bereits oben auseinandergesetzt haben, können dadurch nicht beseitigt werden.

e) **Stärkung und Erweiterung der Zwangsgenossenschaften.**

Neben der Förderung des wirtschaftlichen Vorteils ihrer Mitglieder liegt eine weitere vorzügliche Aufgabe einer gewerblichen Genossenschaft in der Förderung des geistigen Wohles derselben und zwar durch „Vorsorge für ein geordnetes Lehrlingswesen", insbesondere durch gewerbliche Schulen, sowie durch Gewährung der Möglichkeit auch für Gehilfen und Meister, sich fortzubilden. Wo Zwangsgenossenschaften (Innungen) existiren, wie in Oesterreich nach dem Gesetz vom 15. März 1883, wären diese beiden Aufgaben ihre Hauptzwecke und zugleich solche, die ihr schon ihrem Wesen nach zustehen sollen; alle übrigen Aufgaben wie Arbeitsvermittlung, Gesellenherberge, Schiedsgerichte, Krankenkassen könnten ebensogut von anderen Organen erfüllt werden. Gleichwohl können sie auch von jener ganz gut übernommen werden, und sowohl § 114 der österr. Gew.O. als auch § 97 der deutschen Gewerbe-Ordnung[2] weisen den Innungen auch diese Aufgaben zu, in deren, übrigens auch nur teilweisen, Erfüllung sich bei uns die Thätigkeit vieler erschöpft. Wenn ihnen aber überdies (§ 114) die Pflege des Gemeingeistes, Erhaltung und Hebung des Standesbewusstseins besonders übertragen wird, so handelt es sich da-

---

[1] Die jüngste Gewerbenovelle setzt zum Schutze der Uebersttimmten überdies noch einen Prozentsatz der Mitglieder fest für die Beschlussfähigkeit der zur Beschlussfassung über dergleichen Anträge einberufenen ersten Genossenschaftsversammlung.

[2] Nach der neuen deutschen Gewerbenovelle ebenso § 81 b.

bei doch wohl nur um schöne Worte. Speziell der Pflege der Standesehre muss das Zwangsmoment direkt entgegenwirken, da ja jeder Gewerbetreibende als vollberechtigtes Mitglied aufgenommen werden muss und als Ausschliessungsgrund vom Gewerbebetriebe doch nach § 5 Gew.O. nur die Kollision mit bestimmten Partien des Strafgesetzes gilt, keineswegs aber z. B. verwerfliche geschäftliche Praktiken von der Genossenschaft, wie etwa von der alten Zunft, als Ausschliessungsgrund behandelt werden können. Uebrigens würde die Genossenschaft durch Erfüllung ihrer beiden Hauptaufgaben von selbst auch diese Aufgaben erfüllen; denn den Gemeingeist erweckt nichts besser als die Interessengemeinschaft, und materielle Förderung sowohl wie geistige Hebung können am besten das Ehrgefühl festigen und erhalten. Allein unsere Zwangsgenossenschaften sind ebensowenig, wie sie die materielle Wohlfahrt ihrer Mitglieder zu fördern verstanden, auch ihren sonstigen Aufgaben gerecht geworden. Wurden doch selbst die nach dem Gesetz obligatorischen Einrichtungen nicht überall durchgeführt; nur[1] ca. 60 % von ihnen haben Gehilfenversammlungen und schiedsrichterliche Ausschüsse, kaum 28 % Gehilfenkrankenkassen, und eine Lehrlingskrankenkasse haben gar nur 8 %. Da wird es denn kein Wunder nehmen, wenn die „freie genossenschaftliche Thätigkeit" noch mehr zurücksteht, und in der That bestehen alles in allem nur 640 derartige Einrichtungen, und wenn wir annehmen, dass nur je eine solche auf eine gewerbliche Genossenschaft entfällt, so würde dies heissen, dass nur 12 % aller bestehenden Genossenschaften eine freie genossenschaftliche Thätigkeit entfalten; und davon sind 420 Einrichtungen für den Arbeitsnachweis, 65 Unterstützungs- und Krankenvereine für Meister, 223 Fachunterrichtsanstalten und nur 33 „besondere" Anstalten, d. h. Anstalten zur Beförderung des materiellen Wohles der Genossenschafter. Worin der Grund liegt, dass die Innungsidee in so geringem Masse festen Fuss fassen konnte, ist wohl klar. Hier werden ja die Vorteile noch viel weniger erkannt als bei den Wirtschaftsgenossenschaften und doch treten die Pflichten und Lasten recht deutlich hervor. Da man den Zweck oder doch dessen Wert nicht erkennt, so wird man sich wohl schwerlich um die Sache sonderlich bemühen. Man kann dabei kaum sagen, dass an der mangelhaften Ausführung des Gesetzes bezüglich der obligatorischen Einrichtungen die Schuld auch die Behörden treffe; denn es dürfen die Schwierigkeiten nicht über-

---

[1] Mataja a. a. O. S. 724 ff.

sehen werden, die ihnen aus dem offenen oder versteckten Widerstande oder aus der völligen Passivität der Gewerbetreibenden erwachsen.

Man hat auch nach anderen Gründen für die mangelnde gewerbegenossenschaftliche Thätigkeit gesucht. So wird hiefür angeführt[1] die Schwierigkeit, Elemente der Mittelklasse zur Selbstverwaltung zu bringen, die Bestimmung bezüglich eines dreijährigen Gewerbebetriebes als Voraussetzung für das aktive und passive Wahlrecht (durch die Novelle von 1883 § 118 übrigens beseitigt!), wodurch die jungen, strebsamen Elemente abgehalten würden, keine ordentliche Exekutive, Beschränkung der Kompetenz der Schiedsgerichte und endlich Verwendung von Seite der Steuerbehörden zur Steuereinschätzung. Allein von allen diesen Gründen könnte man höchstens den ersten gelten lassen, aber dieser selbst erscheint nur als Folge jener einzigen und letzten oben gegebenen Ursache.

Der völlige Misserfolg unserer Zwangsinnung ist jedenfalls ein beredtes Argument gegen die Festsetzung eines Innungszwanges. Es würde bei dessen Einführung der zur Errichtung der Innungen erforderliche Aufwand an Mühe und Kosten in ausserordentlichem Missverhältnisse stehen zum erzielten Resultate; anders liegt es dort, wo das alles zum Teil bereits geleistet ist, wie bei uns. Man hat aber auch dann noch für die freie Innung angeführt[2], dass in der neuen freien Stellung der Innungen, in dem Wegfall jedes Zwanges zum Beitritt eher eine direkte Förderung zu sehen sei. Denn die freien Innungen müssten, um anzulocken, etwas bieten, irgendwie positiv das Gewerbe fördern, und würden dann auch an Mitgliederzahl zunehmen, während sie bisher daran nicht gedacht, sondern nur eifersüchtig auf ihre Rechte gepocht hätten. Dagegen lässt sich aber sehr viel sagen. Das setzt nämlich nicht nur voraus, dass Innungen schon bestehen, sondern auch wesentlich, dass deren Mitglieder für sie besonderes Interesse hegen und besonderen Eifer entwickeln, um ihnen zu Ansehen zu verhelfen und andere zum Beitritt zu veranlassen. Warum aber solche Mitglieder nicht auch dasselbe in der Zwangsinnung thun sollten, ist nicht klar, umsomehr als ihnen hier ja vielfach für ihre Thätigkeit der Boden geebnet ist durch die gesicherte Dauer der Innung, die auch Unternehmungen, welche lange Zeit beanspruchen, ermöglicht, durch den Zwang, der den widerstrebenden Elementen die Absonderung verwehrt, schliess-

---

[1] PLENER, Ueber die Gewerbegesetzgebung in Oesterreich; in den Schriften des Vereins für Sozialpolitik, XI, Verhandlungen von 1875, S. 79 f.
[2] SCHMOLLER a. a. O. S. 644.

lich durch die hier wesentlich erleichterte Kapitalbeschaffung. Gerade darin, dass für jene Genossenschafter, die die Genossenschaftsidee erfasst haben und durchführen wollen, ihre Verwirklichung so erleichtert ist, liegt das Rechtfertigende des Zwanges. Das heisst, dass der Zwang dort überflüssig ist, wo alle oder doch der grösste Teil der Genossenschafter die Ziele, die mittelbar durch den Zwang erreicht werden sollen, erkennen und aus freiem Willen anstreben, und zwecklos, wo es an solchen Mitgliedern der Genossenschaft gänzlich oder doch so gut wie gänzlich fehlt.

Der Wert der deutschen Regelung des Innungswesens, nämlich der Verleihung gewisser Vorrechte an die im übrigen freien Innungen[1], erscheint sehr problematisch. Denn entweder sind diese Vorrechte so wichtig, dass sie einen indirekten Zwang zum Beitritt enthalten und diejenigen, die draussen gehalten werden, dann in ungerechtfertigter Weise benachteiligt sind, oder aber die Vorteile sind gering und dann ist damit nichts geholfen. In der That fordert auch der Handwerkerbund obligatorische Innungen als seinen Hauptprogrammpunkt, während sich der „Zentralausschuss" mit fakultativen begnügt, die jedoch mit solchen Vorteilen ausgestattet werden sollen, dass jeder Meister das grösste Interesse hätte, ihnen beizutreten[2]. Die preussische Regierung zeigte sich den Wünschen nach Einführung des obligatorischen Innungszwanges geneigt und setzte in ihrem Gesetzentwurfe betreffend die Abänderung der Gewerbeordnung vom August 1896[3] einen Innungszwang für die gleichen und verwandten Gewerbe fest, während diejenigen Meister, für welche mangels einer genügenden Anzahl eine Innung ihres Gewerbes nicht gebildet werden könnte, eine Verbindung in den Innungsausschüssen erhalten sollten. Der Bundesrath beseitigte jedoch bei Berathung dieses Entwurfes die Zwangsinnung und beantragte in seinem Entwurfe vom 15. März 1897[4] einen fakultativen Innungszwang, gleichfalls nur für gleiche und verwandte Gewerbe. Darnach soll die Innung prinzipiell eine freie Vereinigung sein; ein Zwang zum Beitritt soll jedoch von der höheren Verwaltungsbehörde auf Antrag ausgesprochen werden können, wenn, abgesehen von anderen Voraussetzungen, die Mehrheit der beteiligten Gewerbetreibenden der Einführung desselben zustimmt.

---

[1] Auf Grund des Gesetzes von 1881.
[2] STIEDA, Artikel „Handwerk" im Handwörterbuch der Staatswissenschaften.
[3] Den Text dieses Entwurfes s. BRAUN's Archiv für soziale Gesetzgebung und Statistik, IX. Bd.
[4] Den Text des vom Bundesrate vorgelegten Entwurfes s. BRAUN's Archiv, X. Bd. 4. Heft.

Der Entwurf geht also im wesentlichen von dem Standpunkt aus, dass der Zwang gerechtfertigt erscheint, wenn Angehörige der Innung (die Beantragenden) sich für die Verwirklichung der Innungsaufgaben nach Kräften einzusetzen bereit sind. Andererseits muss die Majorität der eventuellen Innungsangehörigen mit den Absichten dieser einverstanden sein, da sie ja sonst jede Thätigkeit der Innung durch ihre Mehrheit lähmen könnte. In der vom Bundesrat vorgeschlagenen Form wurde der Innungszwang im § 100 der neuen deutschen Gewerbenovelle Gesetz[1].

In Oesterreich erscheint die Zwangsgenossenschaft zum Teil als Fortsetzung der alten Zunft. Die Gewerbeordnung von 1859 setzte den Zwang für das ganze Kleingewerbe fest, um in den Zwangsinnungen „ein Organ der Selbstverwaltung der Gewerbe, eine vernünftige, von den Missbräuchen des Zunftwesens gereinigte Fortbildung der gewerblichen Korporation"[2] zu schaffen. Die Wiederkehr dieser Missbräuche war durch die Bestimmung des § 113 verhindert, wonach anderweitige Beschränkungen des Gewerbeantrittes oder -Betriebes durch die Genossenschaften als die durch das Gesetz selbst gegebenen nicht stattfinden dürfen. Die Neuerrichtung der Genossenschaften erfolgte aber höchst lässig; war ja die damals herrschende liberale Strömung in der öffentlichen Meinung der freien Innung viel mehr geneigt, und die Regierungsentwürfe von 1874 und 1877 beabsichtigten sogar die Aufhebung des Zwanges. Erst der Entwurf von 1880 lässt den Status von 1859 unverändert, bis dann die 1883er Novelle eine ziemlich radikale Umänderung bringt und in deren weiterer Folge eine Aneiferung der Administrative in der Durchführung des Gesetzes veranlasst. Dieses Gesetz übertrug einerseits die wirtschaftlichen Aufgaben an die Innung und suchte andererseits ihre Autorität durch Verleihung gewisser mehr formaler Berechtigungen zu stärken (Abgabe von Gutachten bei Abgrenzung der Gewerbe nach § 36 al. 2, sowie bei der Entscheidung, ob eine Fabrik vorliegt nach § 1 al. 4, ferner Ausstellung des Lehrbriefes nach § 114, Regelung der Stellung der „Angehörigen" in der Genossenschaft etc.). In diesen beiden Richtungen bewegt sich auch die Fortbildung der Gewerbegenossenschaften durch die neueste Regierungsvorlage[3]. In der ersten durch § 115a, ferner die neue al. 4 des § 115.

---

[1] Den Text der neuen deutschen Gewerbenovelle s. BRAUN's Archiv, XI. Bd. 1. und 2. Heft.

[2] PLENER a. a. O. S. 78.

[3] Die Darstellung der auf die Genossenschaftskrankenkassen bezüglichen Bestimmungen der Vorlage fällt ausserhalb des Rahmens dieser Arbeit.

Nach dieser letzten Bestimmung darf von dem jährlichen Eingange an Inkorporations- und Lehrlingsgebühren höchstens die Hälfte zur Deckung der laufenden Ausgaben verwendet, die andere Hälfte muss fruchtbringend angelegt, beziehungsweise zu solchen Zwecken benützt werden, welche der Ausbildung der Lehrlinge oder sonstigen Interessen derselben zugute kommen. Die Motive[1] bemerken hiezu, es sei mehrfach bei den gewerblichen Genossenschaften üblich geworden, aus diesen Gebühren ihre ganzen Kosten zu bestreiten und keinerlei Umlagen bei den Mitgliedern einzuheben; offenbar ist die Regierung der Ansicht, dass durch Zahlung einer Umlage auch das Interesse für die Innung wachsen würde, und deshalb soll ein gewisser Zwang zur Erhebung einer solchen ausgeübt werden. Ob dieser Zweck erreicht und andererseits die Errichtung der Anstalten für die Lehrlinge erfolgen wird, mag dahin gestellt bleiben. Sicher ist, dass die Genossenschaft dadurch gezwungen ist, sich ein kleineres oder grösseres Kapital zu sammeln und dass dies für die von ihr zu erreichenden Zwecke stets von Vorteil sein wird. Diese Bestimmung der Vorlage ist denn auch in der jüngsten Novelle mit der Modifikation Gesetz geworden[2], dass die Inkorporationsgebühren höchsens zu drei Vierteilen zu laufenden Ausgaben verwendet werden dürfen, ihr Rest dagegen fruchtbringend anzulegen sei; von den Lehrlingsgebühren aber höchstens die Hälfte zu ersterem Zwecke gebraucht werden dürfe, während der übrige Teil den Interessen der Lehrlinge zugute zu kommen habe.

Bezüglich der Inkorporationsgebühren fand sich noch eine andere, durchaus nicht zu billigende Bestimmung im § 107 al. 2 der Vorlage; darnach konnte nämlich demjenigen, der diese Gebühr nicht bezahlt, auf Verlangen der betreffenden Genossenschaft der Gewerbeschein, d. i. die Gewerbeberechtigung, entzogen werden. Vielleicht gerade mit Rücksicht auf diese Bestimmung räumen al. 2 und 3 des § 115 der Behörde einen entscheidenden Einfluss auf die Höhe dieser wie aller anderen an die Genossenschaft zu entrichtenden Gebühren ein. Es widerspricht aber allen strafrechtlichen Grundsätzen, die Nichtbezahlung einer Schuld zu bestrafen (auch ist gar kein Grund einzusehen für die besondere Bevorzugung dieser Gebühr in einer Weise, wie dies selbst bezüglich der sonst so sehr bevorzugten Steuerforderungen nicht der Fall ist); die Entziehung der Gewerbeberechtigung wird aber im § 131 d ausdrücklich als Strafe angeführt. Auch die Motive[3] können dies nicht rechtfertigen, und

---

[1] S. 97 f.   [2] Ges. v. 23. Febr. 1897 R.G.Bl. No. 63.   [3] S. 97.

wenn sie erklären, dass sowohl die Verpflichtung zur Entrichtung der Inkorporationsgebühr als auch ihre Höhe eine von vornherein bekannte und mit dem Geschäftsantritte (gesetzlich) unvermeidliche Auslage bilde, und diese Bestimmung mithin nicht sowohl eine Härte oder Unbilligkeit gegen den Gewerbetreibenden als vielmehr eine Beförderung der finanziellen Gebarung der gewerblichen Genossenschaften bedeute, so könnte das höchstens einen nicht sehr plausibeln Grund abgeben für die Bestimmung, dass die Erlangung des Gewerbescheines abhängig sei von der Zahlung der Gebühr, eine noch immer höchst ungerechtfertigte und grundlose Norm, die allerdings einer Forderung der Handwerkerpartei[1] entspricht. Es ist auch verkehrt, wenn man an dieser Strafe festhalten will, einen frühesten Zeitpunkt für die Eintreibung dieser Gebühr festzusetzen[2]; denn ist es eine Ausgabe für den Gewerbeantritt, dann darf sie nicht später eingefordert werden, zumal wenn ihre Nichtbezahlung mit solchen Straffolgen verbunden ist. Zwar bedeutet auch die Forderung obligatorischer vorheriger Bezahlung der Inkorporationsgebühr nach Massgabe ihrer Höhe eine grössere oder geringere Erschwerung des Gewerbeantrittes, die durch den zu erreichenden Zweck durchaus nicht gerechtfertigt erscheint. Aber wenn man gerade durch eine Reform an der Inkorporationsgebühr „eine Beförderung der finanziellen Gebarung" der Genossenschaften bewirken will, so ist immerhin diese Normirung der durch die Regierungsvorlage vorzuziehen. Die Reform ist denn auch nur in dieser Form Gesetz geworden, indem § 107 al. 2 der Gewerbenovelle nunmehr festsetzt, dass der Erlag der Gebühr schon bei der Anmeldung des Gewerbes bezw. bei der Bewerbung um ein konzessioniertes Gewerbe nachzuweisen ist.

Im Bestreben, die Autorität der gewerblichen Genossenschaften zu stärken und den Wünschen der Handwerkerpartei entgegenzukommen, hatte die Regierungsvorlage einen gefährlichen Weg betreten durch § 14 a. Wenn auch nicht Gesetz geworden ist er doch symptomatisch für das Zurückweichen der Regierung vor der Handwerkerpartei. Diese fordert nämlich, dass vor allen Gewerbsverleihungen die Genossenschaft anzuhören und deren Gutachten zu berücksichtigen sei[3]; dem gegenüber begnügt sich allerdings der genannte Paragraph mit der Bestimmung, dass die Gewerbebehörde, nur wenn ihr „die zweifellose Stichhaltigkeit des beigebrachten Nachweises der Befähigung nicht genügend dargethan erscheint" verpflichtet sei, ein Gutachten von der betreffenden

---

[1] Programm S. 35.   [2] Citierter Paragraph der Vorlage.
[3] Programm S. 23.

Genossenschaft einzuholen. Die Genossenschaft wird in Fällen, die schon der Behörde zweifelhaft erscheinen, im Bestreben, einen neuen Konkurrenten nicht aufkommen zu lassen, wohl regelmässig auf Unstichhaltigkeit des Nachweises erkennen. Freilich bleibt der Behörde die freie Entscheidung vorbehalten. Das Gefährliche liegt nun aber nicht so sehr an dieser Bestimmung allein, als vielmehr erst in ihrem Zusammenhange mit dem 2. Absatze des § 14, wonach vor Ausfertigung des Gewerbescheines mit der Ausübung eines handwerksmässigen Gewerbes nicht begonnen werden darf. Erklären auch die Motive[1] diese Bestimmung nur als Konsequenz der ersten, so liegt doch die Gefahr einer Verschleppung der Erledigung sogar dann vor, wenn ein Zweifel bezüglich des Nachweises nicht besteht, umsomehr aber, wenn ein solcher vorhanden ist. Und geht schon durch eine Verschleppung dem Betroffenen eine dem Geschäftsbetriebe vielleicht gerade sehr günstige Zeit verloren, so trifft sie ihn auch noch in anderer Beziehung schwer. Denn welchen Erwerb kann er bis zur Ausfertigung des Gewerbescheins betreiben? Selbständig sein darf er noch nicht. Gehilfe bleiben aber wird er oft nicht können, weil ein Meister den künftigen Konkurrenten, der leicht seine Geschäftsgeheimnisse erfahren könnte, nicht gerne beschäftigen wird. Regelmässig wird der Betreffende dies auch selbst nicht wollen wegen der Ungewissheit über den Zeitpunkt des ihm gestatteten Gewerbeantrittes und in der Hoffnung, dass dies bald geschehen werde. Die Regierung selbst erkennt die Gefahr ungebührlicher Verzögerung des Gewerbeantrittes, allerdings nur für den Fall des zweifelhaften Nachweises, und um dem zu begegnen, wird bestimmt, „dass wenn das Gutachten der Genossenschaft nicht binnen 14 Tagen nach Zustellung des Auftrages erstattet worden ist, die Gewerbebehörde mit der Ausfertigung des Gewerbescheines vorgehen könne". Die Behörde kann, aber sie muss nicht; und wie erst, wenn die Genossenschaft wirklich eingehende Erhebungen, vielleicht gar auswärts zu pflegen hätte oder ihr sonst von der Behörde eine längere Frist gesetzt ist; oder wenn der Fall so zweifelhaft ist, dass die Behörde das Bedürfnis hat, das Gutachten zu bekommen und darauf wartet? Wird eben durch jene Zeitbestimmung der Verschleppungstendenz der Genossenschaft immerhin ein Riegel vorgeschoben, welches Mittel hat denn der die Selbständigkeit Anstrebende, sich gegenüber der Behörde vor der Benachteiligung durch al. 2 des § 14a der Vorlage zu schützen? Denkt man sich hiezu noch das von den Handwerkern[2] geforderte Rekurs-

---

[1] S. 68.   [2] Programm S. 19, 24.

Stärkung und Erweiterung der Zwangsgenossenschaften.

recht der Gewerbegenossenschaft gegen die Verleihung von Gewerbeberechtigungen mit aufschiebender Wirkung zugestanden, dann können wir die schwersten Zunftmissbräuche wieder aufleben sehen. Aber die Bestimmung der al. 2 des § 14a der Vorlage ist schon an sich sehr bedenklich, und doch ist ein zureichender Grund für dieselbe nicht zu erkennen. Halten doch selbst die Motive diese Bestimmung nur für eine „Konsequenz des Vorverfahrens" bei den zweifelhaften Fällen, die nur aus formalen Gründen allgemein ausgedehnt werden müsse. Und doch liefert das Gesetz schon jetzt genügende Handhabe gegen den Gewerbeantritt ohne ordnungsmässige Befähigung im § 57 Gew.O., welcher für den Fall, dass bei einem Gewerbetreibenden der Mangel eines der gesetzlichen Erfordernisse des selbständigen Gewerbebetriebes nachträglich zum Vorschein kommt, gestattet, ihm den Fortbetrieb des Gewerbes zu untersagen und den Gewerbeschein zurückzunehmen. Wird diese Strafe als selbstverständliche Konsequenz im Gesetze für obligatorisch erklärt und überdies dieser Fall bei vorhandener Schuld als einer der Straffälle des § 132 oder § 133 Gew.O. ausdrücklich hervorgehoben, so braucht auch bei Annahme des § 14 al. 1 eine Umgehung des Befähigungsnachweises oder eine Verkürzung des Einflusses der Gewerbegenossenschaft in keiner Weise befürchtet zu werden, wenn man auch den Gewerbeantritt wie bisher schon vor Herausgabe des Gewerbescheines gestattet [1].

Das Programm der Handwerkerpartei bezüglich der Gewerbegenossenschaften beschäftigt sich weniger mit der Förderung des Assoziationswesens. Es verlangt nur [2] für dieselben das Recht, zur Gründung und Erhaltung gemeinschaftlicher gewerblicher Geschäftsunternehmungen und Anlagen nach § 114 Gew.O. auf Grund ordnungsgemässen Beschlusses die erforderlichen Geldmittel aus ihrem Vermögen bewilligen zu dürfen, wie es in erweiterter Gestalt § 115a des Entwurfes bestimmt, sowie [3], dass ihnen allein das Recht, Erwerbs- und Wirtschaftsgenossenschaften zu bilden, vorbehalten bleibe. Das Hauptaugenwerk wurde aber den autoritären Rechten zugewendet und

---

[1] § 14a der Vorlage befindet sich nicht unter den Paragraphen der jüngsten Gewerbenovelle vom 23. Februar 1897; nur wird in der neuen al. 4 des § 114 eine Verpflichtung der Genossenschaften statuiert, ein Gutachten abzugeben, wenn die Behörde in zweifelhaften Fällen des Nachweises ein solches fordert. Eine Pflicht der Behörde, in zweifelhaften Fällen ein solches abzufordern, wie sie nach der Vorlage bestand, ist jedoch nicht festgesetzt.
[2] Programm S. 17.
[3] Programm S. 30.

nicht gerade unter Berücksichtigung des allgemeinen Interesses, wie beispielsweise das Bemühen zeigt, die Lieferung statistischer „Arbeiten", die durch die Gewerbeordnung angeordnet wird, sich zu ersparen[1]. Das Streben geht vorzüglich darnach, Rechte zu erlangen, welche die bereits bestehenden Meister vor dem Auftreten neuer Konkurrenz nach Möglichkeit zu schützen vermöchten. Dieses Streben nach Erschwerung des Gewerbeantrittes zeigt die bereits erwähnte Forderung des Rekursrechtes der Innung gegen Gewerbeverleihungen mit aufschiebender Wirkung recht deutlich; es tritt ferner hervor in dem Verlangen, dass „der Genossenschaftsvorsteher die Bestätigung eines Zeugnisses zu verweigern habe, wenn der Lehrvertrag bezw. das Arbeitsverhältnis aus den Genossenschaftsakten nicht evident ist oder wenn er die Ueberzeugung gewonnen hat, dass ein Lehr- oder Arbeitsverhältnis überhaupt nicht bestanden hat", — eine Bestätigung, welche nach § 14 Gew.O. (noch schärfer bestimmt in der Vorlage) für den Befähigungsnachweis, mithin also auch für den Gewerbetrieb der „handwerksmässigen" Gewerbe unentbehrlich ist. Erscheint ihre Verweigerung immerhin begründet, wenn sie aus den Innungsakten nicht evident ist, und zugleich ein anderer Beweis für das Vorhandensein des betreffenden Verhältnisses nicht erbracht wird, so ist die Berechtigung zu derselben im zweiten Falle umso bedenklicher. Soll denn das blosse Gefühl des Vorstehers entscheiden und er mit seiner Ueberzeugung an keinerlei Normen oder beweisende Thatsachen gebunden sein? Die Bestimmung richtet sich wohl direkt gegen den Kapitalisten, der, um sich den Befähigungsnachweis zu schaffen, das Lehrlings- bezw. Arbeitsverhältnis anmeldet. Hier hätte natürlich die „Ueberzeugung" des Vorstehers freien Spielraum; er könnte ja mit scheinbarem Grunde die Bestätigung schon dann versagen, wenn jener sich auch nur in etwas (z. B. schon bei eigener Kost, eigener Wohnung, kürzerer Arbeitszeit etc.) vom gewöhnlichen Lehrling oder Arbeiter unterscheidet.

Auch die für die Innung geforderte gewerbliche Strafjurisdiktion[2] dürfte nicht nur zur Stärkung ihres Ansehens beitragen, sondern auch zur Massregelung unliebsamer Konkurrenten, insbesondere der Fabrikanten, auf die sie sich auch erstrecken soll, verwendet werden können. Schliesslich wird ganz allgemein neben der nötigen Unterstützung von Seite der Behörden für Genossenschaftsbeschlüsse gegen unsolide Konkurrenz die Einräumung grösserer autonomer Rechte zur Durchführung derselben gefordert[3].

---

[1] Programm S. 16.   [2] Programm S. 18.
[3] Programm S. 35.

Eine eigentümliche Auffassung des Innungswesens durch die Handwerkerpartei zeigt sich in ihrer Forderung, dass Fabrikanten, welche handwerksmässige Ware erzeugen, zum Beitritt zur Zwangsgenossenschaft verpflichtet sein sollen[1]. § 108 Gew.O. erklärt diese als hiezu nicht verpflichtet, die Vorlage noch ausdrücklich für hiezu lediglich berechtigt. Und doch kann es nichts Widerspruchsvolleres geben als Fabrikanten als Mitglieder einer kleingewerblichen Genossenschaft, und als solche sind unsere gewerblichen Genossenschaften doch geregelt. Wie soll denn zwischen dem Fabrikanten und Handwerker Gemeingeist und Standesehre sich bilden? Und wie soll ein Einklang ihrer materiellen Interessen möglich sein? Die Assoziationen ferner, die von der Innung gebildet würden, hätten für den Fabrikanten keinen, für die Handwerker dagegen den grössten Wert; die Beschränkung der Zahl der Meister wäre für jenen ohne jede Bedeutung, von umso grösserer für die Innungsmeister, deren Streben naturgemäss auch stets darauf gerichtet ist, und ebenso hätten alle oben geforderten Rechte der Gewerbegenossenschaft nur für den Handwerker und niemals für den Fabrikanten einen Wert. Auch im Lehrlingswesen zeigt sich der Interessengegensatz, da die Fabrik nicht immer Lehrlinge ausbildet, und wenn dies der Fall ist, sich die Lehre in der Fabrik von jeder anderen unterscheidet. Nur mit Bezug auf das gewerbliche Schulwesen bestände im allgemeinen kein Unterschied; allein soll hier der Fabrikant sehr grosse Opfer bringen, so wird er leicht geneigt sein, für seine Lehrlinge eine eigene Schule zu errichten, da auf diese Weise das Lehrziel rascher und mit besserem Erfolge wird erreicht werden können. Woraus erklärt sich aber bei diesem Interessengegensatz dennoch die Forderung der Gewerbepartei? Einerseits daraus, dass zu den bisher erfüllten Aufgaben der gewerblichen Genossenschaften (Krankenkassen, Schiedsgerichte, Arbeitsvermittlung) auch der Fabrikant mit seinen Arbeitern zugezogen werden kann, da bezüglich dieser Aufgaben ein Gegensatz zwischen Fabrik und Handwerk nicht besteht. Andererseits aber würde die hiedurch auferlegte Beitragspflicht die Lasten der Meister sehr verringern. An die Verwirklichung der übrigen genossenschaftlichen Aufgaben, für welche die Mitgliedschaft der Fabrikanten jedenfalls ein bedeutendes Hindernis wäre, denkt man eben nicht. Sehr richtig bestimmt denn auch die deutsche Gewerbenovelle, 'dass vom Zwange zum Beitritt zu einer Innung diejenigen Gewerbetreibenden

---

[1] Programm S. 16.

ausgenommen sind, welche das Gewerbe, für welches die Innung errichtet wurde, fabriksmässig betreiben. Selbst freiwillig können sie nicht ohne weiteres beitreten, sondern bedürfen hiezu der Zustimmung der Innungsversammlung, die natürlich nur dann erteilt werden wird, wenn im einzelnen Falle ein Interessengegensatz nicht vorhanden ist oder doch wenigstens nicht erkannt wird.

Wie weit es der einzelnen gewerblichen Genossenschaft gelingen kann, ihre Aufgaben zu erfüllen, wird nicht am wenigsten davon abhängen, auf welchen Kreis von Teilnehmern sie beschränkt wird. Die idealste Form wäre natürlich die ausschliessliche Bildung von Fachgenossenschaften, die nur ein einziges Gewerbe umfassen, weil hier die Interessenidentität am vollständigsten wäre. Es ist aber klar, dass dies oft daran scheitern muss, dass einzelne Gewerbe an vielen Orten in zu geringer Zahl vorkommen, als dass mit Erfolg an die Ausführung grösserer Aufgaben durch eine Vereinigung, die nur ein Gewerbe umfasst, geschritten werden könnte. Man wird sich in diesen Fällen auf ein kleines räumliches Gebiet nicht beschränken können und deshalb Schwierigkeiten, die sich aus der Zusammenfassung eines bestimmten Gewerbes in grösserem territorialen Umfange zu einer einzigen Genossenschaft ergeben, leichter auf sich nehmen, um eben eine solche homogene Vereinigung zu ermöglichen. Erstrecken sich doch 43% aller Gewerbegenossenschaften Oesterreichs auf Gemeinden verschiedener politischer Bezirke, und zehn erstrecken sich gar auf ein ganzes Land [1]. Allerdings wird die allzugrosse Ausdehnung des Genossenschaftsgebietes statt einer Stärkung der Genossenschaft leicht das Gegenteil herbeiführen und jede genossenschaftliche Thätigkeit überhaupt ausschliessen.

Fachgenossenschaften giebt es in ganz Oesterreich nur 552, d. i. etwas über 10% sämtlicher Gewerbegenossenschaften [2]; auch das legt Zeugnis ab von dem geringen Interesse der Gewerbetreibenden für die ganze Einrichtung, da mehrfach die Gründung einer Fachgenossenschaft trotz genügender Anzahl von Gewerbetreibenden der betreffenden Kategorie nicht erfolgte.

Die deutsche Gewerbenovelle kennt Zwangsinnungen nur für gleiche oder verwandte Gewerbe. Dabei wird die Gefahr der Nutzlosigkeit der Zwangsinnung nicht verkannt, die durch ihre Ausdehnung auf ein allzu ausgedehntes Gebiet entstehen könnte, und § 100 setzt deshalb fest, dass der Bezirk der Innung so abgegrenzt sein muss, dass kein Mitglied durch die Entfernung seines

---

[1] Motive S. 102. [2] Mataja a. a. O.

Wohnortes vom Sitze der Innung behindert werde, am Genossenschaftsleben teilzunehmen und die Innungseinrichtungen zu benützen. Da nun für einen grossen Teil der Handwerker derartige Innungen mangels der erforderlichen Mitgliederzahl nicht gebildet werden können und dieselben daher ausserhalb jedes Innungsverbandes verbleiben müssen, bestimmte der preussische Entwurf von 1896, dass für diese Innungsausschüsse zu bilden wären, welche diese Handwerker gemeinsam mit den Innungen ihres Bezirkes zu wählen hätten. Die Ausschüsse hätten den ausserhalb der Innung stehenden Handwerkern gegenüber die Aufgaben der Innung zu erfüllen, so dass sie das Wesen, wenn auch nicht die Form einer gewerblichen Kollektivgenossenschaft hätten. Die Novelle kennt diese Aufgabe der Innungsausschüsse nicht. Diejenigen Handwerker, welche in eine Zwangsinnung nicht vereinigt werden können oder nicht vereinigt werden wollen, bleiben darnach völlig ausserhalb jedes gewerblichen Zwangsverbandes. .

Den Fachgenossenschaften stehen an Wert am nächsten diejenigen Genossenschaften, welche „verwandte" Gewerbe vereinigen; solche giebt es bei uns 440, also über 8%. Von den übrigen Gewerbegenossenschaften umfassen 2493 d. i. ca. 46%, mehrere disparate, 1832 d. i. ca. 35%, sogar sämtliche Gewerbe eines Bezirkes.. Aber auch Kollektivgenossenschaften haben ausser Krankenkasse, Stellenvermittlung, Schiedsgericht u. dergl. noch immer genügendes Feld für ihre Thätigkeit: die Vorsorge für das Lehrlingswesen kann getroffen werden durch Erlassung von Vorschriften und deren Ueberwachung; die fachliche gewerbliche Schule ist zwar dann schwer zu erreichen, aber neben der allgemeinen gewerblichen Schule, in der das für alle Lehrlinge ohne Unterschied des Gewerbes Wissenswerte gelehrt wird, können doch einzelne Fachgegenstände zum mindesten für die stärker vertretenen Gewerbe unterrichtet werden. Auch für die Selbstausbildung von Gesellen und Meistern kann ohne zu grosse Schwierigkeiten vorgesorgt werden. Aber auch materiell können sie sehr wohl für ihre Mitglieder thätig sein. Das liegt auf der Hand bei Begründung von Kreditgenossenschaften. Auch Magazingenossenschaften als Gemischtwarenhandlungen können gebildet werden, sowie Rohstoffgenossenschaften, diese allerdings nur für einen grösseren oder geringeren Teil der Mitglieder. Jedenfalls sind hier die Verhältnisse schwieriger, weil nur jenes zur Ausführung kommen kann, was allen Mitgliedern nutzbringend ist. Man würde aber im Unrecht sein, wenn man der grossen Zahl von Kollektivgenossenschaften die Verursachung der geringen Innungsthätigkeit zuschreiben wollte. Das wird zur Genüge widerlegt dadurch, dass auch die Fachgenossenschaften keine regere Thätigkeit entwickeln. Diese grosse Zahl ist vielmehr selbst eine Folge jener ersten Ursache, der Verständnis- und Interesselosigkeit. Wäre diese beseitigt, so müssten sich von selbst homogene Vereinigungen bilden, und nur die zu geringe Mitgliederzahl, der auch durch Angliederung an die Umgebung nicht abgeholfen werden könnte, würde zur Bildung von Kollektivgenossenschaften zwingen, die dann doch alle ihr möglichen Erfolge auch wirklich zu erreichen bestrebt wären.

Die Innung ist noch nicht die höchste Form der korporativen Vereinigung der Handwerker, die Innungen können selbst wieder zu einer höheren Einheit zusammentreten, zum Innungsverbande. Die ideale Form dieser Vereinigung wäre die, dass sie sich gleichzeitig nach zwei Gesichtspunkten vollzöge. Einerseits sollen die Fachinnungen eines grösseren Bezirkes sich zusammenschliessen, und diese Verbände sich wieder derart vereinigen, dass der höchste Fachverband jeweils sämtliche Meister des Gewerbes im ganzen Staate in sich vereinigt; nach der anderen Seite hin hätte die Vereinigung ohne Rücksicht auf ein bestimmtes Gewerbe lediglich nach territorialen Gebieten zu erfolgen. Die Aufgaben des Innungsverbandes müssten zwischen diesen beiden Verbänden derart aufgeteilt werden, dass der territoriale Verband alle jene zu übernehmen hätte, deren Ausführung sich nicht nach dem einzelnen Gewerbe richtet. Dieser Kollektivverband hätte demnach neben der Feststellung statistischer Daten, Arbeitsvermittlung, Herbergswesen, Schiedsgericht und Krankenkassen zum Gegenstand seiner Thätigkeit: vom Lehrlingswesen die Erlassung allgemeiner Normen, Ueberwachung ihrer Durchführung, sowie die Sorge für die allgemeine, insbesondere kaufmännische Bildung der Lehrlinge, von wirtschaftlichen Aufgaben aber nur die Sorge für die Kreditorganisation, da bezüglich des Kredits ein prinzipieller Unterschied unter den verschiedenen Gewerben gleichfalls nicht besteht, ausnahmsweise auch die Errichtung von Verkaufsgenossenschaften. Gleichzeitig wäre er auch ein geeignetes Organ zur Vertretung der Handwerksinteressen nach aussen, also etwa für die Funktionen eines Gewerberates oder einer Gewerbekammer. Zur Beaufsichtigung der Innungen selbst erscheint aber weder dieser noch ein anderer Innungsverband geeignet; das folgt ja schon aus dem alten Grundsatze, dass niemand in eigener Sache Richter sein soll, und die zur Durchführung derselben berufenen Organe würden ja stets nur bemüht sein, dem Willen der sie wählenden Majorität der Innungsmitglieder gerecht zu werden.

Nur bezüglich der schiedsrichterlichen Thätigkeit wäre, wenn genügende Vorsorge für die Unparteilichkeit der Rechtsprechung getroffen würde, eine obergerichtliche Thätigkeit des Verbandes gut durchführbar, allerdings nur unter der Voraussetzung, dass Meister und Gehilfen auch in dieser Instanz im Richterkollegium entsprechend vertreten wären. Der Fachverband hingegen hätte für die fachliche Ausbildung der Lehrlinge sowie der Gehilfen und Meister zu sorgen. Allerdings müsste er sich hiebei im allgemeinen jeweils nur auf ein Gebiet von geringerem räumlichen Umfange beschränken. Dasselbe wäre regelmässig der Fall bei Errichtung von Werks- und Magazingenossenschaften. Es wäre aber schon in diesem Falle eine Verbindung dieser räumlich minder ausgedehnten Verbände unter einander nicht ohne Vorteil. Vollends deutlich tritt aber der Vorteil einer derart fortgesetzten Verbindung hervor bei den anderen Formen der Absatzgenossenschaft und bei den Rohstoffgenossenschaften; hier, ebenso wie bei den vorerwähnten Kreditorganisationen, müssten durch die Assoziation der Assoziationen deren Vorteile sich so sehr steigern, dass bald ganz allgemein die früheren selbständigen Genossenschaften sich in Filialen einer einzigen grossen Genossenschaft, die sie alle in sich aufgenommen hat, verwandeln würden[1]. Wäre diese Organisation vollständig durchgeführt und vom entsprechenden Geiste erfüllt, so könnte man für diesen Fall den Ausruf eines Schriftstellers[2] begreiflich finden: „Welche Perspektive eröffnet sich damit für den Kleinmeister! Aus unselbständigen Arbeitern, welche jeden Einfluss auf die Preise und den Absatz, ja diesen selbst verloren haben, werden vollberechtigte Mitglieder eines preisdiktierenden, den Absatz beherrschenden Kartells, vulgo Genossenschaftsverbandes." Erinnert man sich aber an den Zustand des Unterbaues, auf dem sich dieses Gebäude erheben soll, so wird man ihm sicherlich Recht geben, wenn er fortfährt: „Bessere Zeiten, die vielleicht niemals kommen werden." Aber selbst wenn man nicht so ausschweifende Hoffnungen hegt, besteht keine Aussicht, dass solange bei uns das gewerbliche Genossenschaftswesen so sehr im Argen liegt, der Verband von grossem Nutzen sein könnte, und doch könnte er selbst für ein kleineres Gebiet sehr vorteilhaft wirken.

Verbände der gewerblichen Genossenschaften kennt bereits die Gewerbeordnung, welche im § 114 dieselben für einen Bezirk „zur

---

[1] Vgl. z. B. S. 59 Anm. 1 über die Rohstoffgenossenschaft der Schuhmacher in Prag.
[2] KOBATSCH a. a. O. S. 846.

besseren Wahrung ihrer Interessen" gestattet. Die Regierungsvorlage erweiterte das Gebiet auf mehrere Bezirke oder Gemeinden und gab in den §§ 130a—130g[1] ausführlichere Bestimmungen über Aufgabe und Organisation des Genossenschaftsverbandes. Derselbe bleibt auch hier fakultativ, wohl mit Recht, wie denn auch die Motive[2] bemerken, dass das Genossenschaftswesen in manchen Ländern noch nicht genügend entwickelt sei, um eine „obligatorische, höhere Organisation auf diesem Unterbau zu errichten". Es könnte ganz wohl heissen in allen Ländern, und das ist auch der Grund, weshalb der Verband seinen gesetzlichen Aufgaben (§ 130a) nicht wird gerecht werden können, mindestens nicht der Unterstützung und Ueberwachung der Gewerbegenossenschaften, der Lehrlings- und Fortbildungsfrage und der Errichtung wirtschaftlicher Vereinigungen.

Vertretung des Kleingewerbes kommt auch nach der Regierungsvorlage den Genossenschaften oder deren Verbänden ausser der Abgabe von Gutachten an die Handelskammern nicht zu. Diese bleibt nach wie vor der Handels- und Gewerbekammer überlassen. Die Handwerkerpartei verlangt jedoch ein besonderes öffentliches Organ für die Vertretung der Interessen des Handwerks und zwar, wenn man die Berechtigung einer Vertretung für sie im Prinzip anerkennt, nicht mit Unrecht, da ja jene selbst beim besten Willen die Interessen der Grossindustrie und des Handwerks in gleichmässiger Weise unmöglich berücksichtigen kann. Man verlangt „Genossenschaftskammern mit autoritativen Rechten und Vertretung im Reichsrat"[3]. Genauer präzisiert ist diese Forderung nicht, gemeint aber sind wohl Organe, denen Aufgaben und Rechte der Handelskammern mit Beschränkung auf das Handwerk zukommen. Auch in anderer Weise sollte den Gewerbetreibenden eine Vertretung ihrer Interessen geschaffen werden. Es wurde[4] nämlich die Bildung von Bezirks- oder Fachverbänden, Kammerverbänden und schliesslich eines Reichsverbandes für den deutsch-österreichischen Gewerbestand einstimmig beschlossen; dabei sollen die Aufgaben der ersteren erst in der Folge genauer bestimmt werden, während der Reichsverband die oberste Leitung des deutsch-österreichischen Gewerbestandes zu bilden, und die wirtschaftlichen, politischen und Standesinteressen der Gewerbe-

---

[1] Diese Paragraphen finden sich nicht in der Gewerbenovelle, welche bezüglich des Genossenschaftsverbandes den Status der Gewerbeordnung unverändert lässt.
[2] S. 103.
[3] Programm S. 37.
[4] Auf dem Gewerbekongress in Reichenberg, 1894, S. 33.

treibenden zu vertreten hätte. Trotz des einstimmig gefassten Beschlusses ist aber an seine Durchführung bisher nicht geschritten worden. Die deutsche Gewerbeordnung kennt auch der Innung übergeordnete Organe, den Innungsausschuss und die Handwerkerkammer. Die Bildung von Innungsausschüssen liegt ganz im freien Willen der Innungen; sie erfolgt für mehrere oder alle derselben Aufsichtsbehörde unterstehenden (freien oder Zwangs-)Innungen. Dem Ausschuss obliegt insbesondere die Vertretung der gemeinsamen Interessen der beteiligten Innungen, und er hat damit mutatis mutandis im Wesen dieselben Aufgaben, wie unser Genossenschaftsverband; überdies können ihm Rechte und Pflichten der beteiligten Innungen zur Ausübung übertragen werden. Auch die Handwerkerkammern sind zur Vertretung der Interessen des Handwerks ihres (regelmässig ziemlich ausgedehnten) Bezirkes berufen. Ihre Errichtung erfolgt aber, ohne dass ein Antrag abgewartet werden müsste, durch die Landeszentralbehörde nach eigenem Ermessen. Ihre Mitglieder werden durch Wahl und zwar von den Handwerkerkorporationen bestimmt. Die Hauptaufgaben dieser Kammern sind die Regelung des Lehrlingswesens und Ueberwachung der darüber bestehenden Vorschriften, Mitwirkung in Angelegenheiten der Gesellenprüfung und Förderung der gewerblichen, technischen und sittlichen Ausbildung der Meister, Gehilfen und Lehrlinge. Ferner sind die Kammern bei allen wichtigen, das Gesamtinteresse des Handwerks berührenden Fragen zu hören. Innung und Innungsausschuss sind verpflichtet, ihren Anordnungen Folge zu leisten. Eine weitere Form der Vereinigung von Innungen zur Vertretung der Interessen des Handwerks ist endlich der Innungsverband. Derselbe entsteht durch Vereinigung von Innungen, welche nicht derselben Aufsichtsbehörde unterstehen. Die Vertretung des Handwerks obliegt ihm aber nur in beschränkter Weise und zwar hauptsächlich durch Vorschläge und Anregungen an die Behörden oder die übrigen Vertretungsorgane des Handwerks. Ob diese Mannigfaltigkeit der Formen nützlich sein wird, muss die Zukunft lehren. Nur soviel ist sicher, dass ohne die oben erwähnten persönlichen Voraussetzungen nicht einmal die Innung, geschweige denn höhere Organisationen gedeihen können. Ein höchst bedenklicher Mangel der Innungsausschüsse und -verbände ist es aber jedenfalls, dass ihnen die Berechtigung nicht ausdrücklich zuerkannt wird, die wirtschaftlichen Aufgaben, deren Lösung den Innungen ja durch Einrichtung eines gemeinschaftlichen Geschäftsbetriebes gestattet ist, zu unterstützen.

f) Umgestaltung des Lehrlingswesens.

Betrachten wir nun die Frage, wie es möglich wäre, im Konkurrenzkampfe zwischen Handwerk und Grossindustrie die Position des Handwerks zu stärken durch Verbesserung seiner Arbeitsqualität. Da bei den Massenartikeln der niedrige Preis eine Hauptrolle spielt, so ist es klar, dass die Bedeutung des Qualitätsvorzuges hinter der des geringeren Preises zurücktreten muss; dabei bleibt ihr aber mit Rücksicht auf die übrige Produktion noch immer genügende Bedeutung. Es wurde schon erwähnt, dass das Kunstgewerbe die Rettung des Kleingewerbes nicht bedeuten kann; ist doch für dieses der Kleinbetrieb als selbständiges Unternehmen nur zu erhalten, wenn er entweder genug kräftig kapitalistisch fundiert erscheint oder sich mit anderen zur Magazingenossenschaft oder in noch intensiverer Weise vereinigt. Die künstlerisch-gewerbliche Ausbildung hat aber doch in anderer Richtung ihre Bedeutung; sie bietet dem für den Kaufmann Arbeitenden, solange sich der Verlag nicht völlig durchgesetzt hat, durch bessere Löhne und die Regelmässigkeit der Beschäftigung eine ziemlich sichere und günstige Existenz, und sie ermöglicht jenen, die ihre gewerbliche Selbständigkeit nicht mehr erhalten können oder wollen, als Werkführer, Vorarbeiter oder besonders qualifizierte und daher auch besser bezahlte Arbeiter in die Fabriken einzutreten, was ihnen genügendes Einkommen bietet, um sie wirtschaftlich über dem Durchschnitte der Arbeiter erhalten zu können. Mit Rücksicht auf die Schwierigkeit der Ausbildung aber sowie darauf, dass im Kunstgewerbe ja nur eine kleine Zahl Beschäftigung finden kann, wird aber dieser Vorteil nur einem geringen Bruchteil der Handwerker zugute kommen, und auch bei diesem nur eine Proletarisierung der Meister verhindern, nicht aber ihre gewerbliche Selbständigkeit erhalten können.

Aber auch abgesehen von der künstlerischen Vollendung der Handwerksarbeit besitzt deren Verbesserung noch immer genügende Bedeutung. Nicht nur, dass unter sonst gleichen Verhältnissen der Tüchtigere dem minder Tüchtigen gegenüber im Vorteil ist, zeigt sich dies auch gegenüber der grossindustriellen Konkurrenz, welcher der Sieg dadurch erschwert, ebenso wie im Gegenteile durch die schlechte Arbeitsqualität erleichtert wird. Mögen nun auch niedrige Preise und in deren Folge das Streben, wenigstens durch die Menge des Erzeugnisses den Verdienst zu vergrössern, Leichtfertigkeit der Meister oder die Absicht, die Konsumenten zu hintergehen, die schlechte Arbeitsqualität mit verursachen, so ist doch mangelndes Können in der Mehrzahl der Fälle ihr Hauptgrund, und es ist klar, dass dieses seine letzte Ursache immer in der schlechten Lehre haben muss. Es wurde bereits gesagt, dass diese wieder auf die weitgehende Arbeitsteilung, auf das Bestreben nach möglichster Ausnützung des Lehrlings, endlich auf die mangelnde Fähigkeit und den mangelnden guten Willen der Meister zurückzuführen ist. Wenn dafür wieder als Grund angegeben wird[1], dass die Leichtigkeit des Kontraktsbruches von Seite des Lehrlings dem Meister, der sich mit der Lehre Mühe giebt, in keiner Weise eine Sicherheit dafür biete, auch die Früchte seiner Mühe zu geniessen, und dass deshalb die tüchtigen Meister sich von der Lehre zurückziehen und sie den untüchtigen oder leichtfertigen überlassen[2], so ist das durchaus nicht wahrscheinlich und wird auch in keiner Weise durch die Thatsachen bestätigt[3]. Auch der Umstand, dass die Fabrik Lehrlinge aufnimmt, fällt als Grund für die schlechte Ausbildung der Handwerker nicht wesentlich in die Wagschale, denn die Zahl dieser Lehrlinge ist keine bedeutende; „jugendliche Arbeiter" kommen bei uns überhaupt nicht inbetracht, da sie ja mangels eines Lehrzeugnisses den Befähigungsnachweis nicht erbringen können und also vom selbständigen Betrieb eines Handwerks ausgeschlossen sind. Ueberdies wird von diesen wenigen Fabrikslehrlingen ein viel niedrigerer Prozentsatz selbständig als von den Handwerkslehrlingen, da sie meist dauernd Fabriksarbeiter bleiben.

Es wird einleuchten, dass die Hauptursachen für das schlechte Lehrlingswesen durch blosse formale Aenderungen (schriftliche Abfassung des Lehrvertrages, Probezeit, Strafe für den Kontraktbruch etc.) nicht beseitigt werden und damit auch dieses selbst nicht gebessert werden kann. Es muss auch hier bis auf die letzte Wurzel zurückgegangen werden. Da unter den heutigen Verhältnissen eine Einwirkung auf die Lehrherrn, ihr Verhalten in dieser Hinsicht zu verbessern, nicht wohl möglich ist, so muss die Reform

---

[1] Schriften des Vereins für Sozialpolitik, Bd. X S. 107 und mehrfach; darauf basieren dann die Vorschläge strafrechtlicher Ahndung des Lehrlingskontraktsbruches; wieder ein merkwürdiger Fall der Bestrafung eines Civilunrechts.

[2] Offenbar durch diese Klagen veranlasst sind die eingehenden Bestimmungen der §§ 127 b—127 g der deutschen Gewerbenovelle über die Auflösung des Lehrverhältnisses.

[3] Weder in den deutschen noch in den österreichischen „Untersuchungen" finden wir eine Bestätigung irgend welcher Art für diese Behauptung.

dahin gehen, soweit es nötig ist, mit Umgehung jener im Lehrling selbst das Streben, mehr zu lernen, hervorzurufen und ihm andrerseits die weiteste Möglichkeit zu bieten, dieses Streben befriedigen zu können. Und man sage nicht, dass das undurchführbar wäre. Was früher möglich war, muss auch heute möglich sein, und früher haben doch die Gesellen vielfach aus eigenem Antrieb sehr viel gelernt und sich die mangelhafte Lehre reichlich eingebracht[1]. Mag auch das damalige Mittel, ihm Gelegenheit und Anlass dazu zu geben, nämlich die Wanderschaft, heute unbrauchbar sein, so giebt es doch dafür heute andere, die dies besser und leichter bewirken können. Soll schliesslich die Lehre nicht wenigstens für einen Teil der Lehrlinge so verbessert werden können, dass diese in derselben auch wirklich etwas ordentliches lernen? Leicht würde es immerhin nicht sein, jenes Streben im Lehrling hervorzurufen, es würde viel Mühe und viel Zeit kosten, und bei manchem wäre doch all das ohne Erfolg. Aber das ist ja selbstverständlich, und vielfach kommt es ja auch in den höheren Ständen vor, die sich der besten Lehrkräfte und -mittel bedienen können und sich auch sonst in so viel besseren Verhältnissen befinden, dass ein Resultat des Unterrichts nicht erzielt wird.

Auch wird jenes Ziel durch blosse gewerblich-fachliche Ausbildung nicht erreicht. Es kann nur das Resultat sein einer durchgreifenden allgemeinen gewerblichen Erziehung im idealsten Sinne, die nicht nur tüchtige Handwerker schafft, sondern mit diesen zugleich Männer, die gegen alle wirtschaftlichen Widrigkeiten geschützt sind, wenn nicht durch das Kapital, so doch durch Wissen und Können, welche, solange es Mittel giebt, sich aus schwierigen Lagen herauszuhelfen, dieselben zu erkennen und zu benützen vermögen. Diese Erziehung wird nicht mit den Lehr- und Gesellenjahren abgeschlossen sein. können und ebensowenig wie durch die Lehre allein, so durch die Schule allein beigebracht werden; dazu muss das Leben mitwirken und nicht zuletzt eigenes Streben und eigene Arbeit. Im Wesen handelt es sich dabei um die Bildungsfrage, aber nicht um die Erwerbung blosser Fachbildung, sondern auch um die der „politischen Bildung", und dazu muss mitgewirkt werden von Seite des Staates nicht nur durch die Schule, sondern auch durch sonstige Beseitigung aller Hindernisse. Insbesondere durch Gewährung politischer Freiheiten, weil

---

[1] Vgl. Bücher in der Debatte über das Lehrlingswesen; in den Schriften des Vereins für Sozialpolitik, XI S. 150.

nur diese, trotz der vielleicht bestehenden Möglichkeit eines Missbrauches, den genügenden Spielraum und damit gute Gelegenheit geben, die Gewerbetreibenden zu belehren, sie aufzuklären und sie vor allem zu veranlassen, sich nicht mit der blossen Klage über die schlechte Lage zu begnügen, sondern ernstlich über die Mittel zu deren Besserung zu Rate zu gehen. Allerdings wenn diese Freiheiten Nutzen bringen sollen, dann müssen sie nur Glieder in einer Reihe von Einrichtungen sein, deren wichtigste die Schule ist, und zu denen überdies öffentliche Bibliotheken, Museen, Ausstellungen, Theater, Volksbildungsvereine etc. gehören. Es ist klar, dass es sich dabei zum Teile nicht um eine spezifisch gewerbliche Frage handelt, sondern um das ganze Volk. Ist dessen geistiges Niveau gehoben, dann wird die weitere Hebung bei den Handwerkern umso leichter und erfolgreicher geschehen können. Die Frage der Volksschule spielt ja auch deshalb herein, weil sie den Lehrling gewöhnlich bis zum Antritt der Lehre zu bilden hat und ihr Lehrziel heute nicht selten das Gesamtausmass des Wissens bezeichnet, das er überhaupt erlangen kann. Dass aber die Volksschule heute ihre Aufgabe nicht erfüllt, geht schon daraus hervor, dass sie ja denselben Lehrstoff, der denjenigen, die eine weitere Fortbildung geniessen sollen, in höchstens fünf Jahren beigebracht werden soll, sonst erst in acht Jahren aufbraucht; die übrigen drei Jahre müssten doch nicht zur Festhaltung des Gelernten, sondern zu dessen Erweiterung, insbesondere durch Aufnahme bez. stärkere Pflege der Naturlehre und Erdkunde sowie des Zeichnens verwendet werden. Und nach Beendigung der Volksschule müsste dann (wie es beispielsweise im Kanton Zürich bereits durchgeführt ist), die allgemeine obligatorische Fortbildungsschule mit einigen wöchentlichen Unterrichtsstunden etwa bis zum 18. Lebensjahre treten, welche die Wiederholung und Vermehrung des bisher Gelernten zur Aufgabe hätte. Natürlich kann diese für den Lehrling stets nur ein mangelhaftes Surrogat sein für vollkommenere Bildungsanstalten, und er wird sich ihrer eben nur dann bedienen, wenn ihm eine andere bessere Schule nicht zu Gebote steht. Das wird leicht zutreffen auf dem Lande, wo die geringe Anzahl von Lehrlingen besondere Einrichtungen für sie undurchführbar erscheinen lässt. Für den Lehrling handelt es sich aber ausser Erlangung praktischer und theoretischer Gewerbekenntnis besonders um gewisse Fächer allgemeiner Bildung und zwar um die Kenntnis des nötigen kaufmännischen Wissens und der Buchführung, der Grundzüge der Wirtschaftslehre und der einheimischen Gewerbegesetzgebung. Die zeitliche Verbindung dieser Gegenstände mit der theoretischen Fachbildung und die Erstreckung beider auf die ganze Lehrzeit wäre natürlich sehr wünschenswert, allein mit Rücksicht auf die hiezu zur Verfügung stehende beschränkte Stundenzahl wird man sich notgedrungen mit der zeitlichen Aufeinanderfolge der verschiedenen theoretischen Unterrichtszweige begnügen müssen. Dabei können diese allgemeinen Fächer, wenn ihr Unterricht nicht mit der Fachschule verbunden ist, ganz gut für alle Lehrlinge eines bestimmten Gebietes zusammen gelehrt werden, beziehungsweise auch dort, wo Fachschulen nicht bestehen, eine hinreichende Zahl von Lehrlingen aber vorhanden ist, neben beziehungsweise nach Absolvierung der Fortbildungsschule. Hingegen liessen sich diese Gegenstände nicht in den letzten Jahren der Volksschule lehren, weil hier regelmässig das nötige Verständnis noch fehlt. Wenn in diesen bei uns[1] bisweilen zum Gewerbe vorbereitet wird, so zeigt das, dass die heutige Volksschule hiezu eben genügend Zeit lässt und es ist jedenfalls von Nutzen, wenn diese freie Zeit entsprechend verwertet wird. Sind aber einmal die letzten Jahre der Volksschule durch Erweiterung des Lehrzieles nicht mehr überflüssig, dann besteht zu sehr die Gefahr, dass durch eine derartige Vorbereitung der Volksschulunterricht in höherem Grade leidet, als durch diese Vorbereitung auf der anderen Seite gutgemacht werden könnte.

Der gewerbliche Unterricht selbst wird wieder verschieden sein, je nachdem er nur in einzelnen Stunden erteilt wird oder aber die ganze Zeit in Anspruch nimmt. Für die Handwerker kommt regelmässig nur die erstere Art inbetracht; denn mag der Unterricht anderenfalls noch so wohlfeil oder auch unentgeltlich erteilt werden, so sind diese Schulen doch der weit überwiegenden Mehrzahl der Lehrlinge verschlossen, weil ihnen ein Unterhalt für die Dauer der Unterrichtszeit fehlen würde. In dieser Hinsicht verdient eine neuere Einrichtung besondere Beachtung, die Lehrwerkstätte, das ist die Verbindung der Werkstättenlehre mit dem theoretischen Unterrichte, so dass diese praktische und theoretische Unterweisung die eine Seite dieser Einrichtung bildet, deren Kosten andrerseits wie auch der Unterhalt des Lehrlings durch seine Arbeiten in derselben aufgebracht werden soll. Sie ist also eigentlich nichts anderes als eine ideale und modernisierte Werkstättenlehre, und dass dies heute als ganz neu und ungewöhnlich erscheint, zeigt am besten, wie schlecht es mit der Lehrlings-

---

[1] Vgl. unten über die Handwerkerschulen.

ausbildung bestellt sein muss. Soll aber hier der Lehrling nicht nur lernen, sondern auch verdienen, so folgt daraus von selbst, dass die Schule zur Lehrwerkstätte in grossem Umfange nicht geeignet ist. Da aber die Lehrwerkstätte „nicht bloss Schule, sondern auch Fabrikationsanstalt, wenn auch nur im Kleinen, sein muss und sie ihren Schwerpunkt in der wirklichen Warenverfertigung und zwar in der Verfertigung besonders musterhafter, durch Technik und Geschmack ausgezeichneter Waren, also in der gewerbeartigen Leistung des höchsten, was von dem betreffenden Industriezweige verlangt wird, zu suchen hat, wobei sie ihre Schüler zugleich zum lukrativen Betriebe heranbilden soll"[1], so kann dazu „jedes bessere und nicht zu umfangreiche gewerbliche Etablissement dadurch werden, dass es mit Festhalten des produktiven Zweckes die planmässige und allseitige Ausbildung einer Anzahl Lehrlinge — keinesfalls mehr als zehn bis zwölf bei einer entsprechenden Anzahl ausgebildeter Arbeiter — zu seiner ausdrücklichen Aufgabe macht. Zunächst würden sich solche Berufsarten besonders dazu eignen, bei welchen die Herstellung der Arbeitsprodukte eine besonders schwierige und komplizierte ist und wo an die technische Genauigkeit oder an den künstlerischen Geschmack höhere Anforderungen gestellt werden, wo also der Lehrling unter gewöhnlichen Umständen nur mit einzelnen gröberen, rein mechanischen Arbeiten beschäftigt zu werden pflegt"[2]. Immer aber setzt eine solche Lehrwerkstätte beim Meister besondere Fähigkeiten voraus, nicht nur technische, sondern auch theoretische, gewerbliche und allgemeine Bildung, da ja die Lehrwerkstätte allein die gesamte Bildung dem Lehrling zu verschaffen hätte; diese Notwendigkeit wie andererseits die Frage der Rentabilität für den Meister lassen die Auffassung, dass der Lehrwerkstätte als einzigem Mittel der gesamten Ausbildung „die Zukunft gehöre"[3], immerhin sehr optimistisch erscheinen. Liesse sich auch die Kostenfrage durch Lehrgeld seitens der Bemittelten und insbesondere durch die Arbeiten der Lehrlinge selbst, für den Anfang auch durch Gewährung staatlicher, kommunaler oder genossenschaftlicher Subventionen befriedigend lösen, so böte es doch viel grössere Schwierigkeit, genug Meister zu finden, die auch den ganzen theoretischen, fachgewerblichen und allgemeinen Unterricht zu erteilen vermöchten.

---

[1] STEINBEIS, Gutachten über das gewerbliche Fortbildungswesen; Schriften des Vereins für Sozialpolitik, XV S. 15.
[2] BÜCHER, Gutachten über das gewerbliche Fortbildungswesen; Schriften des Vereins für Sozialpolitik, XV S. 150.
[3] BÜCHER, l. c. S. 150.

Es muss ja in dieser Hinsicht nicht nur das eigene Können, sondern ebensosehr das Lehrenkönnen berücksichtigt werden. In einer als Lehrwerkstätte eingerichteten Schule lässt sich allerdings die Konzentration des gesamten Unterrichtes durchführen, da hier ja auch genug zahlreiche Lehrkräfte vorhanden sind. Für die wirkliche Werkstätte aber würde schon die Notwendigkeit des Unterrichtes in den oben genannten allgemeinen Fächern eine Trennung erforderlich machen, und es kann ja dann leicht der mangelnden Fähigkeit des Meisters für den theoretischen gewerblichen Unterricht dadurch abgeholfen werden, dass man auch diesen an die Schule überträgt. Jene Konzentration des gesamten Unterrichts in der Werkstätte wäre allerdings damit durchbrochen, die Lehrwerkstätte behielte aber auch jetzt noch den Charakter einer Lehrlingsbildungsanstalt, da sie ja noch immer, wenn auch nur mit Beschränkung auf die praktische Ausbildung, dies in erster Linie sein will, und sie würde sich eben durch dieses wesentliche Merkmal himmelweit von der gewöhnlichen Werkstättenlehre unterscheiden. Auch würde vom Leiter einer Lehrwerkstätte der Vermehrung der Zahl der Schulstunden, sowie deren Verlegung auf die dem Unterrichte günstigere Tageszeit sicherlich kein Hindernis entgegengesetzt werden. Damit würde aber noch immer nicht die Schwierigkeit behoben, gegenwärtig eine genügend grosse Zahl von Meistern zu finden, deren Fähigkeiten diesen grossen Anforderungen entsprechen würden, während diese Schwierigkeit in der Folge durch die wachsende Zahl ordentlich Ausgebildeter immer mehr abnehmen müsste.

Dabei entsteht dann die Frage, wie diese Fähigkeit des Meisters erkannt werden soll, oder mit anderen Worten, ob jedem Handwerker ohne weiteres gestattet sein soll, eine solche Lehrwerkstätte zu errichten. Man wird leicht mit der Begründung, dass er ja dann Lehrer sei, verlangen, dass er auch den Nachweis für seine Befähigung ablege, und das müsste immer geschehen durch eine Prüfung in irgend einer Form. Mit dieser Begründung würde aber auch die Forderung genügend motiviert, dass jeder Meister, der Lehrlinge auch ohne solche besondere Einrichtung halten will, geprüft werden müsste, da er ja auch bezüglich eines jeden Lehrlings die Lehrverpflichtung wenigstens übernehme. In diesem Sinne bestimmt auch die deutsche Gewerbenovelle, dass nur derjenige Handwerker Lehrlinge halten dürfe, der, abgesehen von den übrigen Erfordernissen nach zurückgelegter Lehrzeit von bestimmter Dauer, eine Gesellenprüfung bestanden hat. Allerdings wird dieses

Requisit auch durch fünfjährige gewerbliche Selbständigkeit oder durch ebensolange Verwendung als Werkmeister und dergleichen ersetzt [1].

Aber der allgemeinen Einführung von Gesellen- oder Meisterprüfungen, sei es nur als Vorbedingung für das Halten von Lehrlingen, oder ganz allgemein obligatorisch für die Selbständigkeit, stehen immer unüberwindliche Schwierigkeiten entgegen: Schon die Frage, wer prüfen soll, hat daran, dass die hiezu meist ausschliesslich geeigneten, nämlich die Meister, dadurch Richter über künftige Konkurrenten werden, einen schweren Haken [2], nicht minder auch die Frage über das wie und was der Prüfung. Soll bei der heute so weitgehenden Spezialisation die Prüfung sich auf das Vollhandwerk beziehen oder lediglich auf das Spezialgewerbe? Und kann diese Spezialisation beliebig weit geführt werden oder darf sie sich auch nur auf bestimmte Teilprodukte beziehen, was natürlich auch auf den Inhalt der Prüfung immer rückzuwirken hätte [3]. Es ist

---

[1] Die deutsche Gewerbenovelle kennt Lehrlings-(bezw. Gesellen-)prüfungen mit der bereits erwähnten Sanktion des (wenigstens in den ersten fünf Jahren der Selbständigkeit geltenden) Verbotes, Lehrlinge zu halten. An die Nichtablegung der Meisterprüfung ist jedoch keine Straffolge geknüpft. Einen Anreiz zu ihrer Ablegung sucht man dadurch zu geben, dass diese Prüfung ausser der Lehrlingsprüfung sowie einer entsprechenden Lehrlings- und Gehilfenzeit die Voraussetzung bildet für die Berechtigung zur Führung des Meistertitels.

[2] Dieses Bedenken vermag auch die Norm der deutschen Gewerbenovelle über die Zusammensetzung der Lehrlingsprüfungskommissionen nicht zu zerstreuen. Es sollen nämlich ausser dem Vorsitzenden die Beisitzer je zur Hälfte den Meistern und den Gesellen entnommen werden. Aber der unparteiische Vorsitzende wird ja regelmässig gleichfalls ein Meister sein, und schliesslich sind auch die Gesellen daran interessiert, keinen allzustarken Nachwuchs aufkommen zu lassen. Allerdings muss immer festgehalten werden, dass das Nichtbestehen der Prüfung nach der deutschen Gewerbeordnung nicht die Ausschliessung vom Gewerbeantritt, sondern nur von der Berechtigung, Lehrlinge zu halten, zur Folge hat.

[3] Eine merkwürdige Bestimmung enthält diesbezüglich § 129a der deutschen Gewerbenovelle. Darnach reicht der Nachweis der Voraussetzungen zum Lehrlingshalten in einem Zweige eines Gewerbes auch für die übrigen Zweige dieses Gewerbes aus. Das heisst beispielsweise (vgl. U. S. 249 ff.), dass derjenige, der in einer Spezialschlosserwerkstätte, in der nur Schlösser hergestellt wurden, Lehrling war und hierauf die Lehrlingsprüfung natürlich auch nur für diese Arbeit abgelegt hat, berechtigt ist, Lehrlinge auch für die Maschinenschlosserei oder in der Kunst- oder Bauschlosserei auszubilden. Und doch hat er für diese bezüglich seiner Befähigung kaum einen besseren Nachweis geliefert, als z. B. für das Schmiedegewerbe, für welches er aber Lehrlinge nicht

dabei klar, dass die Durchführung der Prüfung auch eine strenge Scheidung der einzelnen Gewerbe und ihrer Gebiete zur Folge haben müsste, und die Berechtigung zum Lehrlingshalten bezw. die Selbständigkeit nur für jenes Gewerbe eintreten könnte, für welches die Prüfung abgelegt wurde. Die grösste Schwierigkeit aber macht die Frage, wieviel Können bei dieser Prüfung gefordert werden dürfe. Der Meister in der Grossstadt, von dem künstlerische Ausbildung und feiner Geschmack verlangt wird, der aber auch allein imstande ist, sich diese zu erwerben, und der in der kleineren Stadt und wiederum der auf dem Lande brauchen ja ein ganz verschiedenes Mass von Fähigkeiten. Sollen sie trotzdem die gleiche Prüfung machen, soll der vom Lande denselben Nachweis erbringen, wie der in der Stadt, oder soll auch für den in der Stadt das geringe Können des Landmeisters genügend sein. Wie jenes unmöglich ist, widerspricht dieses vollständig dem Zwecke der Prüfung. Stellt man aber dann verschiedene Anforderungen bei der Prüfung in Stadt und Land, soll, wenn der Meister dann vom Land in die Stadt übersiedeln will, die Freizügigkeit beschränkt und ihm dies nur gegen Ablegung einer neuen Prüfung gestattet werden?[1] Das ist wohl gleichfalls unmöglich, und giebt man das einmal zu, so zeigt sich, dass die Prüfungen keine Sicherheit bieten für genügendes Können der Meister und dass sie weiter keinen Wert haben, als lediglich eine Erschwerung des Gewerbebetriebes oder -antrittes zu bilden. Wie könnte man auch eine Prüfung fordern, wenn Lehrling und Geselle oft nicht einmal die Möglichkeit haben, etwas ordentliches zu lernen? Sollen ferner diejenigen, die die Prüfung nicht machen können, zur steten Gehilfenschaft verurteilt sein, und liegt nicht die Gefahr der Pfuscherei sehr nahe[2], die, wenn sie in grossem Massstabe auftritt, ja überhaupt nicht zu beseitigen wäre?

---

ausbilden dürfte. Mag diese Bestimmung sich daher auch vom Billigkeitsstandpunkte aus erklären lassen, vom Standpunkte des Gesetzes selbst erscheint sie als Inkonsequenz.

[1] Die deutsche Novelle geht über diese mit der Frage über den Umfang der nachzuweisenden praktischen Fähigkeiten zusammenhängenden Bedenken stillschweigend hinweg und verlangt im § 131b bezüglich der praktischen Ausbildung den Nachweis, dass der Lehrling „die in seinem Handwerk gebräuchlichen Handgriffe und Fertigkeiten mit genügender Sicherheit" ausführt. Vielleicht werden die noch zu erlassenden Prüfungsvorschriften diese Bedenken aus der Welt schaffen können?

[2] Vgl. Motive S. 62; dieses Bedenken fällt bei der deutschen Gewerbeordnung weg, da ja der Gewerbeantritt auch jetzt noch ein völlig freier ist.

Kann also die Prüfung nicht als Voraussetzung für das Halten von Lehrlingen schlechthin gefordert bezw. durchgeführt werden, so kann sie auch nicht ohne weiteres für die Errichtung von Lehrwerkstätten gefordert werden. Nur dann, wenn diese als eigentliche Unterrichtsanstalten aufgefasst und demnach an eine Konzession gebunden wären[1], oder aber soweit sie staatliche oder kommunale Subventionen erhalten, könnte ein besonderer und zwar genauer Nachweis der Eignung des Bewerbers und damit einer gewissen Garantie für Erfüllung seiner Aufgabe, worüber staatliche oder kommunale Inspektion späterhin jeweils Gewissheit bieten könnte, als völlig entsprechend angesehen werden. Würde dann die Konzessionierung bezw. Subventionierung der Lehrwerkstätten ganz allgemein stattfinden, so würde damit jedenfalls verhindert, dass unter diesem Namen die sonstige schlechte Lehre geboten würde. Die allgemeine Anwendung (im grossen Massstabe) wäre zwar dann ausgeschlossen, es würden aber dadurch noch immer relativ zahlreiche gute Lehrlingsbildungsstätten geschaffen, die insbesondere geeignet wären, den Mangel an anderen gewerblichen Anstalten und Schulen zum guten Teile zu ersetzen.

Eines der schwersten Uebel des heutigen gewerblichen Unterrichtes für den Lehrling ist, dass er denselben (ausser dem Sonntagsunterrichte) am Abend geniessen soll. Es ist wohl kein Wunder, wenn nach der Tagesarbeit seine geistige Empfänglichkeit nur gering ist, ebenso wie die Aufmerksamkeit, die er dem Lehrer entgegenbringt; und dass dadurch auch der Sonntagsunterricht wesentlich verliert, versteht sich von selbst. Darin liesse sich auch heute manches bessern, ohne dass man genötigt wäre, zu tief in die Rechte des Meisters einzugreifen. Das könnte vor allem durch Ausnützung der toten oder schwachen Saison geschehen, während welcher ja der Lehrling ohnedies viel freie Zeit hat. Aber man darf auch abgesehen hievon nicht vergessen, dass für kleine Betriebe (besonders für die Heimarbeiter) die Zeit von 7—9 Uhr abends (die gewöhnliche Unterrichtszeit) auch nicht immer in den Feierabend fällt[2], so dass auch dieses eine Entziehung von Arbeitszeit bedeutet. Darauf deuten ja auch die Klagen darüber hin, dass die Meister ihre Lehrlinge trotz eigener Bestrafung vom Schulbesuche abhalten, und es würde demnach die Verlegung des Unterrichts in die frühen Morgen- oder ersten

---

[1] In Deutschland giebt es bereits staatlich anerkannte Lehrwerkstätten. Eine Sonderbestimmung für dieselben enthält beispielsweise der vorletzte Absatz des § 126 b des neuen deutschen Gewerbegesetzes.

[2] Vgl. U. S. 18, 34, 65, 447.

Nachmittagsstunden keinen um viel grösseren Entgang für den Meister bedeuten. Auch ist es wohl nicht mehr als gerecht, auch in der Frage der Schulzeit das Interesse des Lehrlings nicht ganz hinter das des Lehrherrn zurückzustellen. Vollends das Argument, dass die am Abend zu Gebote stehenden Räumlichkeiten anderer Schulen bei Verlegung der Unterrichtszeit hiefür nicht mehr frei wären, kann wohl gegenüber der grossen Bedeutung dieser Verlegung sich nicht Geltung verschaffen. Gerade mit Rücksicht auf die Tageszeit der Fortbildung gebührt besondere Beachtung der Einrichtung der „offenen Zeichensäle"; hier kann der Lehrling (ebenso wie der Gehilfe oder Meister) seine freie Zeit, ohne an genau bestimmte Stunden gebunden zu sein, verwenden, wobei er stets die Anweisungen des Lehrers erhalten und die Vorlagen benützen kann. Natürlich haben sie nicht für jedes Gewerbe den gleichen Wert, und es bleibt für das Mass ihrer Ausnützung immer nur der freie Wille des Einzelnen in allzu hohem Grade entscheidend.

Was soll nun die Gewerbeschule lehren? Soll der Lehrling durch die Lehrzeit im Gewerbe vollständig ausgebildet werden, so müsste ihm die Schule alles das bieten, was die Werkstätte ihm hiezu nicht gewährt. Die Gewerbeschule müsste also eigentlich immer Fachschule sein, die allerdings die nötigen allgemeinen Kenntnisse gleichzeitig vermitteln könnte. Dabei hätte sie, wo die technische Ausbildung vollständig durch die Werkstätte (Lehrwerkstätte) besorgt wird, nur die noch übrige theoretische Fachbildung vorzunehmen; wo aber, wie ja heute in den meisten Werkstätten, der Lehrling auch praktisch das Gewerbe nicht oder jedenfalls nicht vollständig lernt, muss ihm die Schule auch dazu die Möglichkeit bieten. Freilich wäre es nur wieder in einer Lehrwerkstätte an der Schule möglich, dies vollständig durchzuführen, und es würde die ganze Zeit des Lehrlings beanspruchen. Darum kann es sich also nicht handeln, und es würde ja schon einen wichtigen Fortschritt bedeuten, wenn man den Lehrling auch nur den gesamten einfachen Arbeitsprozess lehrte, der mit Rücksicht auf den Teil, den er ja immer wenigstens oberflächlich kennt, nicht so schwer beizubringen wäre; natürlich müsste dem fleissigeren und fähigeren auch die Gelegenheit zur Vervollkommnung geboten werden. Der theoretische Fachunterricht, der übrigens immer im engen Zusammenhange mit der Praxis gehalten werden müsste, hätte dann zu umfassen: die Rohstoffe, ihre Beschaffenheit, Vorzüge, Arten, Surrogate, Bezugsquellen; mit Rücksicht auf den Absatz besonders Export und internationale Konkurrenzverhältnisse; mit Bezug auf Vervollkommnung des Könnens und Geschmackes Fachzeichnen, Modellieren etc., ferner Vorführung ausgezeichneter Arbeiten in Natur oder Abbildungen u. dergl.[1]. Ausstellungen von Schülerarbeiten — von Zeichnungen oder Arbeitsprodukten — würden den Ehrgeiz anspornen, wenn auch dem keine zu hohe Bedeutung beigelegt werden darf. Jedenfalls würde deren Einwirkung sich erhöhen, wenn damit durch Prämien zugleich materielle Vorteile geboten würden. Dabei entsteht die Frage, ob durch Lehrlingsprüfungen hiezu etwas mitgewirkt werden kann. Gegen den obligatorischen Charakter derselben mit der Sanktion von Straffolgen muss man sich jedenfalls aussprechen. Solange die Lehre selbst so im Argen liegt, kann man das doch nicht den Lehrling entgelten lassen. Und soll derjenige, der die Prüfung nicht besteht, solange dies nicht der Fall ist, Lehrling (d. h. unbezahlter Arbeiter) bleiben müssen? Und alles was bezüglich der Spezialisation im Gewerbe und den Unterschied des erforderlichen Könnens für Stadt und Land gegen die Meisterprüfung gesagt wurde, spricht ja auch gegen die obligatorische Lehrlingsprüfung. Gegen fakultative allerdings lässt sich nichts sagen, und sie sind immer von Nutzen, wenn nicht dabei die theoretische Seite auf Kosten der praktischen allzusehr betont wird.

Es ist klar, dass die Kosten der gewerblichen Fachbildung, wie wir sie besprochen haben, sehr gross sind, und dass sie deshalb eine derartige Durchführung nur dort zulässt, wo eine grössere Anzahl von Lehrlingen eines bestimmten Gewerbes vorhanden sind. Soweit nicht in dem einzelnen Gewerbe, wohl aber in sämtlichen in der inbetracht kommenden Gegend eine grössere Zahl von Lehrlingen gehalten wird, kann wenigstens eine allgemeine gewerbliche Schule errichtet werden, die diesen das nötige allgemeine Wissen, sowie Fertigkeit im Zeichnen und Modellieren mit möglichster Berücksichtigung der einzelnen Gewerbe, ferner Ausbildung des Geschmacks etc. zu bieten hätte. Nur dort, wo überhaupt zu wenig Lehrlinge sind, müssten diese sich mit der allgemeinen Fortbildungsschule begnügen, was natürlich eine sehr schwere, aber eben unvermeidliche Schädigung für sie bedeuten würde.

---

[1] Vgl. STEINBEIS l. c. S. 14. — § 131 b der deutschen Novelle fordert bei der theoretischen Lehrlingsprüfung den Nachweis, dass der Lehrling sowohl über Wert, Beschaffung, Aufbewahrung und Behandlung der zu verarbeitenden Rohmaterialien, als auch über die Kennzeichen ihrer guten oder schlechten Beschaffenheit unterrichtet sei; überdies kann durch die Prüfungsordnung auch die Prüfung in der Buch- und Rechnungsführung festgesetzt werden.

Hat nun der Lehrling seine Lehrzeit beendigt und auch die Schule absolviert, dann ist seine offizielle Lehrzeit vorüber, ein Lehrzwang wird jetzt nicht mehr auf ihn ausgeübt; ob er noch weiter lernen will, das hängt nur von ihm selbst ab, und die Pflicht der Gesamtheit ist es nur, ihm dazu recht viel Gelegenheit und Anregung zu bieten. Das kann geschehen durch höheren gewerblichen Unterricht wie z. B. Meisterkurse, durch Wanderlehrer, Fachbildungsvereine, ebenso wie durch Museen, Bibliotheken, Ausstellungen etc.; und hier greifen schliesslich auch die politischen Freiheiten ein. Ein hohes Mass der Ausnützung dieser Mittel wird aber immer dadurch bedingt sein, dass die Lehrzeit es vermocht hat, aus den Lehrlingen nicht nur gewerblich tüchtige, sondern auch intelligente Handwerker zu machen, die den hohen Wert der Bildung kennen und selbst das Bestreben besitzen, sich soweit es geht fortzubilden und in ihrem Gewerbe zu vervollkommnen.

Dass eine so vollständige Umgestaltung des Lehrlingswesens, und speziell des gewerblichen Schulwesens, sich nicht mit einem Schlage vollziehen kann, versteht sich wohl von selbst, ebenso, dass die Entwicklung aus sich selbst heraus eine wesentliche Förderung erhält, sobald einmal damit ernstlich begonnen wird. Aber man wird — abgesehen davon, ob der Wille dafür vorhanden ist — immer ein wichtiges Argument dagegen anzuführen haben nämlich die sehr grossen Kosten. Das ist aber ein Argument, das gegenüber einer Bildungsfrage überhaupt nicht vorgebracht werden sollte, ganz besonders nicht, wenn daran wie hier zum Teil die ganze Masse des Volkes, zum Teile die grosse Menge der Handwerker beteiligt ist. Soweit es sich insbesondere um das gewerbliche Bildungswesen handelt, wird es überdies durch die grosse Zahl der hieran interessierten und deshalb zur Beitragsleistung heranzuziehenden Faktoren — Staat, Land, Kommune, Handelskammer, Innung, der Fabrikant und schliesslich der (bemittelte) Lehrling selbst — bedeutend abgeschwächt und noch mehr durch die Notwendigkeit allmählicher und nicht im ganzen Staatsgebiete gleichzeitiger oder gleichmässiger Durchführung. Etwas anderes als dieses Argument wird aber doch wohl überhaupt nicht geltend gemacht werden können.

Ausser durch die Schulreform könnte noch auf andere Weise die Besserung des Lehrlingswesens angestrebt werden. Dabei ist es klar, dass es unmöglich ist, den Lehrherrn durch Gesetze Fähigkeiten oder guten Willen einzuflössen, aber es wäre vielleicht möglich, das Recht zum Lehrlingshalten einzuschränken. Dass dies mit Rücksicht auf die Fähigkeiten durch Forderung ihres Nachweises durch eine Prüfung nicht angehe, wurde bereits erwähnt, wohl aber könnte dies mit Rücksicht auf den voraussichtlichen Mangel des guten Willens geschehen. Freilich könnten auch hier nur Kriminalität oder bewiesene Rohheit und Pflichtvergessenheit eines Lehrherrn als gesetzliche Gründe erscheinen, um dieses Recht zu entziehen, aber wenigstens die krassesten Fälle würden dadurch für die Zukunft vermieden, wobei es allerdings noch immer auf den Geist der Durchführung des Gesetzes ankäme. In dieser Richtung enthält für Oesterreich die Novelle von 1897 eine wichtige Bestimmung (vgl. unten S. 109) und für Deutschland der § 128 der deutschen Gewerbenovelle, welcher der unteren Verwaltungsbehörde das Recht einräumt, von einem Lehrherrn die Entlassung eines entsprechenden Teiles der Lehrlinge zu fordern, bezw. ihm die Annahme von Lehrlingen über eine bestimmte Zahl hinaus zu untersagen, wenn der Lehrherr eine im Missverhältnis zum Umfange oder der Art seines Gewerbebetriebes stehende Zahl von Lehrlingen hält und dadurch die Ausbildung der Lehrlinge gefährdet erscheint. Diese Anordnung muss zwar nicht unbedingt zur besseren Ausbildung der übrig bleibenden Lehrlinge führen, muss aber jedenfalls der ungebührlichen systematischen Lehrlingszüchterei und der Ausbeutung einer allzugrossen Zahl von Lehrlingen entgegenzuwirken imstande sein.

In viel wirksamerer Weise wäre aber auf die Besserung der Zustände im Lehrlingswesen hinzuwirken, durch eine ausgedehnte Arbeiterschutzgebung, besonders für die Lehrlinge und die Sicherung ihrer Durchführung durch sorgsame und eingehende Werkstätteninspektion. Dadurch könnte zum Teile der Ausbeutung des Lehrlings in der Richtung übermässiger Ausdehnung der Arbeitszeit als auch seiner Verwendung zu häuslichen Arbeiten vorgebeugt und eine bedeutende Förderung des Schulbesuches bewirkt werden. Aenderungen aber, die nur die formale Seite des Lehrlingsverhältnisses betreffen, mögen wohl hie und da von Nutzen sein, für das grosse Ganze sind sie aber ohne jeden Einfluss.

Betrachten wir nun das gewerbliche Schulwesen in Oesterreich. Unter den gewerblichen Schulen nehmen die Tagesschulen, was Vollständigkeit des Lehrzieles betrifft, die erste Stelle ein[1]. Das sind bei uns die Fachschulen für gewerbliche Hauptgruppen, die in den Staatsgewerbeschulen gewöhnlich die höhere Gewerbe- mit der Werkmeisterschule für gewisse Gruppen verwandter Gewerbe ver-

---

[1] Vgl. Art. „Gewerbeschulwesen" im österreichischen Staatswörterbuch, 1895, S. 924 ff.

einigen, ferner die Fachschulen für einzelne gewerbliche Zweige. Allein es ist klar, dass sie eben als Tagesschulen noch dazu mit mehreren Jahrgängen den meisten Handwerkern verschlossen sind. Die Zöglinge dieser Schulen, die zum Teile auch durch die häufig mit der Schule verbundene Lehrwerkstätte eine vollständige praktische und theoretische Ausbildung geniessen, gehen meist als technische Beamte, Werkführer (speziell aus der Werkmeisterschule) u. dergl. in die Fabriken; für das Handwerk aber dienen sie nur in geringem Masse als Lehrstätte. Für dieses haben sie nur insofern grössere Bedeutung als mit ihnen öfters „offene Zeichensäle" und regelmässig gewerbliche Fortbildungsschulen, die zum Teil als Musterschulen dienen, verbunden sind. Für die grosse Menge der Lehrlinge kommen eben nur die „Abend- und Sonntagsschulen" sei es als fachliche, sei es als allgemein-gewerbliche Fortbildungsschulen inbetracht. Wichtiger sind natürlich die ersteren, und von diesen haben wieder besondere Bedeutung wegen der Reichhaltigkeit der ihnen zu Gebote stehenden Lehrmittel und guten Lehrkräfte die mit den oben genannten Tagesschulen verbundenen (staatlichen) „Freizeitschulen", 62 an Zahl (mit 5543 Schülern) im Jahre 1893/94; dazu kommen 15 fachliche Fortbildungsschulen, zu denen der Staat nichts beiträgt (mit 3000 Schülern). Die Statistik der gewerblichen Genossenschaften[1] erwähnt ferner deren Beteiligung an 122 Fachunterrichtsanstalten. Aber „in anderen grösseren Städten der Monarchie (ausser Wien) fehlen fachliche Fortbildungsschulen fast gänzlich"[2]. Es ist also kein Zweifel, dass in dieser Hinsicht viel zu wenig geleistet wird. Daran ist nicht zum wenigsten der Staat selbst schuld; denn „während er im Interesse des sozialen Fortschrittes bereit sein sollte, gerade für den Ausbau des niederen Fachschulwesens grössere Opfer zu bringen, wird bei der Gründung und Erweiterung der niederen Fachschulen an der Forderung des lokalen Beitrages mit besonderer Strenge festgehalten und dadurch die Vermehrung der so überaus wohlthätigen Handwerkerschulen, die raschere Entwicklung und Verselbständigung der gewerblichen Fortbildungsschulen . . . auf längere Zeit hinaus lahmgelegt"[3]. Von den circa 2½ Millionen Gulden, die zu gewerblichen Unterrichtszwecken von Seite des Staates verwendet werden, wurden 1890 über

---

[1] Mataja a. a. O. S. 732.
[2] „Gewerbeschule" l. c. S. 929.
[3] Art. Schmid, Kritische Streiflichter auf die Finanzgebarung der österreichischen Unterrichtsanstalten, in der Zeitschrift für Volkswirtschaft, Sozialpolitik und Verwaltung, V. Bd. 2. Heft S. 268.

2 Millionen für die Tagesschulen verwendet[1], so dass nur ein verschwindend kleiner Teil auf die Fortbildungsschulen entfallen kann; und doch wäre die Subventionierung gerade ein Mittel, um die Gewerbegenossenschaft zu regerem Eifer für Schulgründungen anzutreiben, wie ja auch die Kommunen dazu in diesem Falle leichter zu bewegen wären. Es müsste aber ausser der materiellen Förderung auch Anregung und Beispiel von Seite des Staates gegeben werden.

Soweit eine Fachschule für ein Gewerbe nicht besteht, hat die gewerbliche Fortbildungsschule die theoretische Ausbildung seiner Lehrlinge zu übernehmen; ihr Lehrplan umfasst aber lediglich allgemeine Gegenstände: Geschäftsaufsätze, gewerbliches Rechnen und Buchführung, elementares und Fachzeichnen; nur bisweilen besonders im Zeichenunterricht, findet eine geringe Rücksichtnahme für einzelne Gewerbe statt, sonst aber fehlt in diesen allgemein-gewerblichen Fortbildungsschulen fachgewerblicher Unterricht gänzlich. Dabei umfasst sie nur zwei Jahrgänge und „nöthigenfalls" noch einen Vorbereitungskurs (nur in Wien bestehen 56 zweiklassige Vorbereitungskurse, die sehr gut organisiert sind). Der Unterricht dauert überdies nicht durch das ganze Jahr, sondern regelmässig nur vom September bis Mai. Dass damit, besonders bei der geringen Anzahl von (noch dazu zum grösseren Teil Abend-)Stunden (mindestens 7, meist 9 bis 10 wöchentlich), weiters bei der grossen Anzahl von Schülern und den nicht immer zureichenden Lehrkräften ein befriedigender Erfolg auch nur für das beschränkte Lehrziel nicht erreicht werden kann, ist wohl zweifellos. Uebrigens fehlen selbst diese Anstalten noch vielfach. Das geht unzweifelhaft aus der Statistik der österreichischen Gewerbeschulen hervor[2]; darnach bestanden solche gewerbliche Schulen (einschliesslich der Tagesschulen) 1889 nur 619 (mit 63439 Schülern), und selbst eine seitherige bedeutendere Zunahme wäre da unmöglich imstande, alle Lücken auszufüllen.

Von grösserer Wichtigkeit sind bei uns die allerdings erst in den Anfängen begriffenen Handwerkerschulen (1895 : 10 Lehranstalten mit staatlichem Aufwande von über 84000 fl.), welche die Vorbereitung für einen gewerblichen Beruf im allgemeinen noch ohne ausdrückliche Beziehung auf ein bestimmtes spezielles Gewerbe zum Zwecke haben. Sie nehmen Knaben mit vollendetem 12. Lebensjahre auf und behalten sie durch zwei oder drei Jahre. Da ihre Schüler in diesem Alter regelmässig noch schulpflichtig sind, so wird

---

[1] „Gewerbeschule" S. 924, 926, 927.
[2] Vgl. Österreichisches statistisches Handbuch XII. Jahrg., Wien 1893, S. 63.

ihnen zunächst die Fortsetzung des Volksschulunterrichts geboten, überdies wird grosser Wert gelegt auf die Beibringung naturkundlicher Kenntnisse mit besonderer Beziehung auf die gewerbliche Thätigkeit; parallel mit diesem Unterricht wird die Aneignung von Handfertigkeiten durch Modelliersäle und Werkstätten von Holz- und Metallbearbeitung betrieben. So wichtig und vorteilhaft auch diese Schulen sind, da sie eine Erweiterung der Volksschulbildung bedeuten und den Lehrling schon vorbereitet ins Lehrverhältnis treten lassen, so bedenklich kann andererseits der Handfertigkeitsunterricht werden. Zwar die Ausbildung der Geschicklichkeit und des Geschmackes ist jedenfalls von Nutzen, allein die Handfertigkeit des Schülers, die sich auch in kleineren praktischen Arbeiten bethätigen kann, wird dessen Eltern leicht verleiten, ihn zum Geldverdienen zu gebrauchen und ihn insbesondere bei hausindustriellen Gewerben, wenn er sie hiebei fördern kann, zur Mitarbeit heranzuziehen. Das ist wohl kaum zu wünschen und deshalb wäre eine bedeutende Einschränkung des Handfertigkeitsunterrichts und dessen teilweiser Ersatz durch erweiterte theoretische Bildung, durch Zeichnen und Modellieren, wohl am Platze.

Wie wir oben sahen, ist die Schulzeit für die Freizeitschulen der Sonntag und die Abende der Wochentage. Die Regierung sucht nun eine Besserung in dieser Beziehung anzustreben — durch Aenderung des Gesetzeswortlautes; während nämlich bisher der § 75a Gew.O. von „Abend- und Sonntagsschulen" spricht, heisst es in der Regierungsvorlage nunmehr „allgemein gewerbliche Fortbildungsschulen (bezw. Vorbereitungskurse), sowie fachliche Fortbildungsschulen". Diese Aenderung ist übrigens nicht ganz belanglos; wie nämlich in den Motiven[1] bemerkt wird, würde bei Belassung der alten Terminologie eine Einwirkung inbezug auf den Besuch der Schulen mit Morgen- oder Nachmittagsunterricht nicht ausgeübt werden können, während doch „aus lokalen und hygienischen Gründen wie im Interesse eines gedeihlichen Unterrichtserfolges" die Verlegung des Unterrichts auf den Nachmittag oder auf die Morgenstunden wünschenswert wäre. Weiter allerdings als auf diese Namensänderung erstreckt sich bisher das Streben der Regierung nach Durchführung dieser Verbesserung nicht.

In der Richtung der Ausbildung der Meister und Gesellen wird hingegen seit den letzten Jahren eine eifrige und erfolgreiche Thätigkeit entfaltet; es geschieht dies durch die „Aktion zur Beförderung

---

[1] S. 79.

des Kleingewerbes", die am Wiener technologischen Gewerbemuseum ihren Mittelpunkt hat. Das ist zunächst mit dem Kleingewerbesaal[1] der Fall, in welchem sich eine permanente Ausstellung ausgezeichneter technischer Arbeitsbehelfe für das Kleingewerbe (Kleinmotoren, Arbeitsmaschinen, verbesserte Werkzeuge) befindet, wodurch Anregungen den Meistern geboten werden sollen; wie ja andererseits durch erleichterte Zahlungsbedingungen, Erniedrigung des Preises oder durch Leihe die Benützung derselben ermöglicht oder erleichtert wird. Wenn dieser Saal im Jahre 1895 von etwas über 4300 und in 10 Monaten des Jahres 1896 nur von 3318 Personen besucht wurde (gegenüber circa 8000 im Jahre 1894), so ist doch trotz dieser nur durch die Teilnahmslosigkeit der Handwerker zu erklärenden relativ so geringen Summe klar, welche grosse Bedeutung einem solchen Institute zukommen kann. Wie gering aber das Interesse ist, das von den Kleingewerbetreibenden der Sache entgegengebracht wird, zeigt die auffallend schwache Frequenz der gleichfalls hier abgehaltenen Abendkurse „über technische Arbeitsbehelfe im Kleingewerbe" mit wöchentlich zwei Unterrichtsstunden für die Dauer von sechs Monaten. Die Zahl der Hörer betrug nämlich 1892/93 20, 1893/94 nur noch 15, während für den Winter 1894 die Abhaltung dieses Kurses durch die allzu geringe Zahl von Teilnehmern (5) überhaupt verhindert wurde[2]. Erst 1895 wurde dieser Kurs und zwar mit 18 Hörern wieder aufgenommen[3], während 1896 die Zahl der Teilnehmer wieder auf 14 sank[4]. Ausserhalb Wiens bestehen ähnliche Einrichtungen (wenn auch in bedeutend kleinerem Massstabe) nur in Brünn, Klagenfurt und Steyr, und weiter soll für Prag bis 1898 nach einem Beschlusse der Handels- und Gewerbekammer ein technologisches Museum, welches ausschliesslich die Hebung des Kleingewerbes verfolgen soll, errichtet werden[5]. In Wien besteht ferner ein „Museum für Kunst und Industrie" für das Kunstgewerbe, weiters fast in sämtlichen Landeshauptstädten und in einzelnen grösseren Städten Gewerbemuseen und Museumsvereine[6] mit Sammlungen und Bibliotheken, aber alle diese können

---

[1] Bericht über die Verwendung des zur Förderung des Kleingewerbes bewilligten Kredits während der Jahre 1892—94 S. 9 ff.; während des Jahres 1895 S. 8 ff.; während des Jahres 1896, S. 8 ff.
[2] Bericht für 1892—94 S. 14.
[3] Bericht für 1895 S. 11.
[4] Bericht für 1896 S. 10.
[5] Bericht für 1895 S. 43.
[6] „Gewerbeschule" a. a. O. S. 930.

das Ziel, Meister und Gesellen weiter auszubilden und sie insbesondere mit den technischen Fortschritten im Gewerbe vertraut zu machen, nur in sehr beschränktem Umfange erreichen. Auch durch gewerbliche Ausstellungen kann nur zu geringem Teile geholfen werden, da diese ja nur vereinzelt und nur zeitweise abgehalten werden können; immerhin kann ihre Einwirkung sehr vorteilhaft sein.

Die „Beförderungsaktion" suchte den Belehrungszweck auch noch in anderer Form zu verwirklichen und zwar durch Abhaltung von Meisterkursen[1]. So fanden 1895 vier Meisterkurse für die Schusterei statt (zu welchem Zwecke auch eine Musterwerkstätte errichtet wurde) mit je sechswöchentlicher Dauer (60 Unterrichtsstunden wöchentlich) und mit je 12 Teilnehmern (Meistern oder Gesellen). Das Unterrichtsgeld betrug 25 fl., wurde aber Unbemittelten erlassen und diesen überdies in materieller Beziehung die Teilnahme durch Stipendien ermöglicht. Der Unterricht, soweit gewerblich-technisch, wurde durch Schuhmacher unter Aufsicht eines Fachkomitees erteilt und umfasste Massnehmen, Fachzeichnen, Zuschneiden, Handarbeit zur vollständigen Herstellung eines Schuhes, ebenso Maschinenarbeit, schliesslich Bekanntmachung mit allen modernen Arbeitsbehelfen; weiters wurde gelehrt gewerbliche Buchführung und Kalkulation, woran sich schliesslich noch Vorträge über die Technologie des Leders anschlossen. Das Streben ging vorzüglich dahin, die Schüler zugleich zu gewerblichen Lehrern auszubilden. Der Erfolg war ein vorzüglicher, was bei der sorgfältigen Auswahl des Schülermateriales sowie bei der sorgfältigen Durchführung des Unterrichts nicht zu verwundern ist. Bedauerlich ist nur die beschränkte Zahl der (zugelassenen) Teilnehmer (es hatten sich übrigens aus ganz Oesterreich nur 258 Meister und Gesellen gemeldet!). Ein immerhin genügender Ersatz wird aber dadurch geschaffen, dass die hier Ausgebildeten nunmehr als Lehrer ihre Kenntnisse weiterverbreiten könnten; leider steht dem vor allem wieder die geringe Zahl von Fachschulen im Wege. Im Jahre 1896 wurden in Wien wieder die vier Meisterkurse für Schuhmacher mit zusammen 50 Besuchern abgehalten, ferner vier nach gleichen Grundsätzen eingerichtete Kurse für Bautischler mit insgesamt 40 Hörern[2], bei deren Errichtung sich schon besondere Schwierigkeiten für die Gewinnung tauglicher Lehrkräfte ergaben[3]. Ausserhalb Wiens wurden acht Kurse an verschiedenen Orten abgehalten, an denen 203 Frequen-

---

[1] Bericht für 1892—94 S. 39f.; für 1895 S. 28ff.
[2] Bericht für 1896 S. 42ff.
[3] Bericht für 1895 S. 105.

tanten teilnahmen. Für 1897 endlich ist in Wien auch noch die Errichtung von Kursen für Bauschlosser und Männerschneider geplant[1]. Auch die Frage des gewerblichen Wanderunterrichts wurde bereits und zwar gleichfalls zunächst für das Schuhmachergewerbe einer teilweisen Lösung zugeführt[2]; es wurden eine Lehrperson und ein Gewerbetreibender zum eingehenden Studium der einschlägigen Fragen an das technologische Gewerbemuseum berufen, um dann in Steiermark bezw. in Böhmen ihre Wanderlehrthätigkeit auszuüben. Nach Erfolg dieses Versuches soll dann die weitere Ausbildung dieses Institutes erfolgen. Soweit ferner in einzelnen Ländern eine Beförderungsaktion vorkommt, bewegt sie sich — wenn auch nur in beschränktem Umfange — in einer der eben angegebenen Richtungen. So vorteilhaft sich nun auch alle diese Bestrebungen darstellen, haben sie doch einen grossen Fehler in der beschränkten Zahl derer, die an diesen Benefizien teilnehmen können; allein ist schon das Wenige ein Fortschritt, so liegt doch der grosse Wert dieser Institutionen nicht am wenigsten darin, dass sie am besten die gegenwärtigen mangelhaften Kenntnisse der Handwerker[3] sowie andererseits namentlich dem gegenüber die Vorteile des gewerblichen Unterrichts ins rechte Licht zu rücken imstande sind. Uebrigens macht auch die Steigerung des für die Förderung des Kleingewerbes bestimmten Kredites für die nächste Zeit eine allmähliche Erweiterung und Vermehrung dieser Einrichtungen wahrscheinlich[4].

Wenden wir uns nun der Betrachtung der gesetzlichen Gestaltung des Lehrlingswesens in Oesterreich zu. Die Regelung desselben ist bei uns von umso grösserer Bedeutung, als ja zum Antritt des Betriebes eines handwerksmässigen Gewerbes das Lehrzeugnis eine wesentliche Voraussetzung bildet (§ 14 Gew.O.) und dadurch die Erfüllung wenigstens der formellen gesetzlichen Bestimmungen notwendig wird. Nach § 97 Gew.O. ist derjenige ein Lehrling, „welcher bei einem Gewerbeinhaber zur praktischen Erlernung des Gewerbes in Verwendung tritt". Es ist also gleichgiltig, ob Lehrgeld oder aber Lohn bezahlt wird, und ebenso giebt es darnach Lehrlinge in

---

[1] Bericht für 1896 S. 44.
[2] Bericht für 1895 S. 105f.
[3] Vgl. Bericht für 1895 S. 29.
[4] Während dem Handelsministerium für die Gewerbebeförderungsaktion im Jahre 1892 nur 10 000 fl. zur Verfügung standen, stieg diese Summe für 1896 bereits auf 135 000 fl. und mit Hinzurechnung der von anderen öffentlichen Körperschaften gewidmeten Beträge konnte die Aktion über ca. 200 000 fl. verfügen (Bericht für 1896 S. 6).

Fabriken wie in handwerksmässigen Betrieben. Ein gesetzlicher Unterschied besteht aber zwischen ihnen bezüglich des Lehrverhältnisses nicht; nur bezüglich des Mindestalters des Lehrlings ist dies der Fall. § 96 b verbietet nämlich Kindern vor dem vollendeten 14. Jahre regelmässige gewerbliche Beschäftigung in der Fabrik, mithin auch als Lehrling, während § 94 al. 2 diese für handwerksmässige Betriebe schon nach vollendetem 12. Lebensjahre gestattet, wenn nur die betreffende Arbeit nicht körperlich nachteilig ist oder die Erfüllung der Schulpflicht hindert. Da eine Aufsicht nur bezüglich der Erfüllung der Schulpflicht stattfindet, die Frage der körperlichen Benachteiligung aber faktisch den Beteiligten überlassen bleibt, so kann es in jenen Kronländern, wo die Schulpflicht vor dem vollendeten 14. Lebensjahre aufhört, im Handwerke auch Lehrlinge unter 14 Jahren geben. Ob aber diesen die Beschränkung ihrer Arbeitszeit auf 8 Stunden, wie sie durch § 49 al. 3 festgesetzt wird, auch wirklich zugute kommt, ist wohl mehr als fraglich. Denn diese, ebenso wie jede andere Arbeiterschutzgesetzgebung, insbesondere soweit sie die Lehrlinge betrifft, da diese selbst sich ja deren Durchführung in keiner Weise sichern können, bleibt auf dem Papier, wenn nicht durch genaue gewerbliche Inspektion für ihre Verwirklichung gesorgt wird. Unsere Gewerbeinspektoren sind aber gar nicht imstande, auch nur einen kleinen Teil der Handwerksbetriebe zu inspizieren, aber sie wissen sehr wohl zu erzählen, wie wenig die Meister die gesetzlichen Bestimmungen über das Lehrlingswesen beachten, und um wieviel besser in dieser Hinsicht die Fabrikslehrlinge gestellt sind[1]. Speziell bezüglich der Frage, wie die Einstellung noch schulpflichtiger Kinder als Lehrlinge in die Werkstätte hintangehalten werden könnte, wäre es nicht schwer, eine wirksame Inspektion zu statuieren, wenn man sich entschliessen würde, mangels besonderer Inspektoren für das Kleingewerbe, den Schullehrern eine gewisse Inspektionsgewalt einzuräumen, da sie am leichtesten imstande wären, Uebertretungen der Schulpflicht festzustellen und sie die jungen Lehrlinge ja zum grossen Teile aus der Schule kennen müssen.

Bezüglich der Definition des Begriffes Lehrling erhebt die Handwerkerpartei die Forderung einer Umänderung, und dies ist ausser einer rein formellen Sache der einzige Punkt, in dem sich ihr Programm mit dem Lehrlingswesen befasst; als Lehrling soll nämlich

---

[1] Vgl. Berichte der k. k. Gewerbeinspektoren über ihre Thätigkeit im Jahre 1892; Wien 1893, S. 26, 66, 115, 236.

angesehen werden, „wer in einem Alter von nicht unter 14 und nicht über 18 Jahren bei einem Gewerbsinhaber zur praktischen Erlernung des Gewerbes in die Lehre tritt" [1]. So unscheinbar auch diese Forderung klingt und so wünschenswert auch die allgemeine Fixierung des Mindestalters auf das zurückgelegte 14. Lebensjahr ist, so wäre die damit geforderte Festsetzung eines Maximalalters des Lehrlings nicht ganz belanglos. Denn das hiesse, dass nach vollendetem 18. Jahre niemand in die Lehre eintreten dürfe, und damit ist jeder in diesem Alter von der Erwerbung des Befähigungsnachweises ausgeschlossen. Das heisst dann weiters, dass jeder nur das Handwerk betreiben könne, für das er sich spätestens bis zur Vollendung seines 18. Lebensjahres durch Eintritt in eine Lehre entschieden. Für die meisten Handwerker wäre diese Bestimmung ohne Bedeutung, da diese sich ihrem Gewerbe ja immer frühzeitig zuwenden; getroffen würde dadurch regelmässig nur der Kapitalist, der sich zum Gewerbeantritt erst später den Nachweis verschaffen will. Jedenfalls werden aber die Lehrlinge bis auf verschwindende Ausnahmen immer minderjährig sein, und deshalb sollen im folgenden auch die ausdrücklich nur für minderjährige Lehrlinge geltenden gesetzlichen Vorschriften doch als für alle geltend behandelt werden.

Zum Halten von Lehrlingen ist prinzipiell jeder Gewerbsinhaber berechtigt [2], allerdings bei den handwerksmässigen Gewerben nach § 37 Gew.O. nur für dasjenige Gewerbe, für welches er den Befähigungsnachweis geliefert hat. § 38 bestimmt zwar diesfalls, dass nur derjenige hiezu berechtigt sei, welcher „selbst oder dessen Stellvertreter die erforderliche Fachkenntnis besitze, um den Vorschriften des § 100 inbetreff der gewerblichen Ausbildung der Lehrlinge nachkommen zu können", allein diese Bestimmung ist doch wohl, da es ihr an einer Ausführungsbestimmung völlig mangelt, nur eine theoretische. Verloren geht das Recht, Lehrlinge zu halten, auf grund gewisser Kriminalitätsfälle (§ 98 al. 2), wovon aber Dispensation nach al. 3 erfolgen kann, „wenn ein Nachteil oder Missbrauch nicht zu besorgen ist"; ferner kann das Recht einem Gewerbsinhaber entzogen werden, wenn es infolge Uebertretung der Vorschriften über die Behandlung der Lehrlinge bedenklich erscheint, ihm solche noch weiter anzuvertrauen (§ 137) [3]. So weit nun eigentlich durch das Wort

---

[1] Programm S. 15.
[2] Anders die deutsche Gewerbenovelle; vgl. oben.
[3] Ganz ähnliche Bestimmungen enthält § 126a der deutschen Gewerbenovelle.

„bedenklich" die Anwendungsmöglichkeit dieser Bestimmung gemacht ist, so wird sie doch in der Praxis nur selten angewendet; das Gesetz selbst sagt ja auch nur, das Recht „kann" entzogen werden. Es kommt eben immer auf den Geist der Handhabung des Gesetzes an, und deshalb werden auch die detaillierten Bestimmungen des § 137 der Novelle von 1897, welche insbesondere im zweiten Absatze mit der Entziehung dieses Rechtes für den Fall droht, dass der Lehrherr die ihm bezüglich des Schulbesuches seines Lehrlings obliegenden Verpflichtungen trotz wiederholter Aufforderung nicht erfüllt, nichts ändern können, zumal auch sie an dem „kann" festhalten; und auch die durch al. 3 angeordnete vorherige Anhörung der gewerblichen Genossenschaft wird in den meisten Fällen wohl nichts anderes als eine Verzögerung der Entscheidung bedeuten.

Der Lehrvertrag kann schriftlich oder mündlich abgefasst werden, in beiden Fällen ist seine Registrierung durch die Genossenschaft bezw. Gemeindevorstehung vorgeschrieben. Er hat zu enthalten (§ 99) ausser Namen und anderen ähnlichen Formalien die Bestimmung bezüglich des etwaigen Lehrgeldes oder Lohnes und dann den eigentlichen Lehrvertrag, wonach sich der Lehrherr verpflichtet, den Lehrling „in den Fertigkeiten seines Gewerbes zu unterweisen", und dieser sich wieder „zur fleissigen Verwendung im Gewerbe". Es ist aber klar, dass bei dem heutigen Zustande des Lehrlingswesens, ebenso wie diese gesetzliche Bestimmung auch jede andere vertragsmässige fast immer nur auf dem Papier bleibt. Im übrigen sind die gesetzlichen Bestimmungen ziemlich eingehend. § 99a statuiert eine Probezeit von vier Wochen, innerhalb welcher beide Teile einseitig zurücktreten können. Praktische Bedeutung dürfte das nicht haben. Jedenfalls aber wird der Meister eher in der Lage sein, vom Lehrvertrage zurückzutreten, als der junge Lehrling, der den Rücktritt bei seinen Eltern oder dem Vormund, die meist froh sind, ihn etwo untergebracht zu haben, nicht leicht wird durchsetzen können.

Der grundsätzliche Inhalt des Lehrlingsverhältnisses findet sich in den §§ 99b und 100, welche die Pflichten des Lehrlings bezw. des Lehrherrn enthalten. Während nun bisher § 99b Gew.O. sich begnügt, den Lehrling in allgemeinen Worten zu „Folgsamkeit, Treue, Fleiss, Verschwiegenheit und anständigem Betragen", sowie zur Verwendung im Gewerbe nach Anweisung des Lehrherrn, unter dessen „väterliche Zucht, Schutz und Obsorge" er zugleich tritt, zu verpflichten, hat die Regierungsvorlage wichtige Bestimmungen hinzugefügt. Sie legt dem Lehrling den Besuch der gewerblichen Fortbildungsschule als ausdrückliche Pflicht auf, während dies bisher nur implicite durch Verpflichtung des Lehrherrn zur Freigebung der Unterrichtszeit für alle Hilfsarbeiter bis zum vollendeten 18. Jahre (§ 75a Gew.O.) geschehen war. An diese Verpflichtung wird dann durch al. 4 die Sanktion geknüpft, dass für denjenigen Lehrling, welcher „den Unterricht wiederholt und zwar aus eigenem Verschulden vernachlässigte", seitens der Gewerbebehörde die statutenmässig festgesetzte regelmässige Dauer der Lehrzeit verlängert werden kann und zwar nach al. 6 um höchstens ein Jahr[1]. Wäre schon an sich gegen diese Bestimmung einzuwenden, dass man ein Versäumnis des Schulbesuches nur durch Verlängerung der Schulpflicht bestrafen dürfe, nicht aber durch Verlängerung der Lehrzeit, die dem Lehrling ungebührlichen Nachteil, dem Lehrherrn ungebührlichen Vorteil gewährt, und dass diese Strafdrohung wohl kaum eine Wirkung auf den Lehrling ausüben wird, worauf es doch gerade ankommen soll, so wird sie noch bedenklicher in ihrer Durchführung, wenn auch nicht so sehr für den in der Fabrik als vielmehr gerade für den im Handwerk beschäftigten Lehrling. Denn der Kronzeuge, der regelmässig für das Verschulden des Lehrlings beim Schulversäumnis wird geführt werden müssen, ist sein eigener Meister, und dass dieser sich selbst stets von jeder Schuld freisprechen wird, versteht sich wohl von selbst. Ob aber etwa sonstige Angehörige der Werkstätte die nötige Unabhängigkeit vom Meister besitzen werden, um eventuell auch dessen Schuld anzugeben, ist wohl auch sehr fraglich. Weisen doch die Motive selbst darauf hin, dass die Hauptschuld für den mangelhaften Schulbesuch von Seite der Lehrlinge den Lehrherrn zuzuschreiben ist. „Wie nun", heisst es nämlich dort[2], „die Erfahrung gezeigt hat, kommen die Lehrherrn dieser Verpflichtung (zum Schulbesuche den Lehrlingen die erforderliche Zeit einzuräumen, sie dazu zu verhalten und denselben zu überwachen) nicht durchwegs nach. Die Schulaufsichtsorgane haben vielfach Veranlassung, gegen Lehrherrn, welche den Schulbesuch der Lehrlinge nicht nur nicht fördern, sondern oft geradezu verhindern, indem sie die Lehrlinge von demselben abhalten, mit Strafen vorzugehen und bei konsequenter Nichtbefolgung dieser Vorschriften bezüglich höherer Bestrafung an die Gewerbebehörde Anträge zu stellen (nach § 133a Geldstrafen von 10—400 fl. bei Zuwiderhandlung gegen die das Lehrlingswesen betreffenden Vorschriften). Viele Lehrherrn be-

---

[1] Diese Bestimmung der Vorlage wurde ebenso wie die weiter unten behandelte al. 5 des § 99b der Vorlage unverändert (als § 99b) in der jüngsten Novelle Gesetz.

[2] Motive S. 93.

gnügen sich, den in der Regel nicht bedeutenden Strafbetrag zu erlegen, ohne sich ihrer Pflicht bewusst zu werden, und fahren fort, den Lehrling während der Schulzeit in der Werkstätte zu verwenden, da die Arbeit desselben ihnen grössere Vorteile bietet als der Strafbetrag ausmacht. Durch ein solches Vorgehen wird der Lehrling an seiner Ausbildung geschädigt und der Besuch der Fortbildungsschule teilweise illusorisch gemacht." Wenn dann demgemäss in dem bereits erwähnten § 137 der Regierungsvorlage die Entziehung des Rechtes, Lehrlinge zu halten, als neue Strafe eingeführt wird, so ist das jedenfalls zu billigen. Oft würde aber, wie die Regierung implicite ja selbst zugiebt, auch bloss die strengere Anwendung der jetzt schon zulässigen Strafmittel von Nutzen sein, da ja eine grössere Strafe durch die Vorteile aus der Arbeit der Lehrlinge während der Schulzeit nicht aufgewogen werden könnte. Aber ohne sorgfältige Beaufsichtigung ist dieser Uebelstand doch wohl kaum zu sanieren. Die Gewerbeinspektoren können diese Aufsicht aber nicht führen, die gewerblichen Genossenschaften, denen sie nach § 114b zum Teil übertragen ist, führen sie nicht. Wie sollten diese auch dazu, wie überhaupt zu irgend welcher anderen Aufsicht über ihre Mitglieder geeignet sein? Ihre Organe, von der Majorität gewählt, sollte eben dieser Majorität ernstliche Unannehmlichkeiten bereiten wollen mit der Durchführung gesetzlicher Bestimmungen, die sie vielleicht überdies selbst übertreten? Solange es nicht gelingt, die Meister selbst von dem hohen Nutzen der Schule zu überzeugen, kann einen grossen Teil von ihnen nur die Furcht vor Bestrafung dazu bringen, diese Vorschriften einzuhalten, und diese wird nur dann vorhanden sein, wenn besondere geeignete Aufsichtsorgane für das Handwerk bestimmt sind, deren Aufgabe es mit ist, in dieser Beziehung Wandel zu schaffen. Wohl in besserer Weise zur Regelung des Lehrlingswesens, aber doch nicht zu dessen Beaufsichtigung wäre die Innung geeignet durch Herbeiziehung der Gehilfenschaft — und das ist der einzige Fall, wo das Verhältnis dieser zur oder in der Innung unsere Frage berührt — als gleichberechtigter Faktor zu den betreffenden Angelegenheiten. Dadurch würde sich für die Beschlüsse die Festhaltung des einseitigen Interessenstandpunktes wohl vermeiden lassen.

Während die österreichische Gewerbeordnung eine Mitwirkung der Gehilfenschaft in Lehrlingsfragen nicht kennt, bestimmt die deutsche Gewerbenovelle im § 95, dass die bei Innungsmitgliedern beschäftigten Gesellen einen Ausschuss zu wählen haben, dem nicht nur in allen Fragen, welche die Gehilfen unmittelbar berühren, sondern auch insbesondere bei Regelung des Lehrlingswesens und bei der Gesellenprüfung eine Beteiligung zukommt; allerdings ist ihr Einfluss dabei nur ein geringer. Nach einer anderen Richtung aber hat die Novelle eine wichtige Neuerung eingeführt in dem Institut des „Beauftragten der Innung". Dieser Beauftragte ist ein Inspektionsorgan der Innung, dem das Recht zur Inspektion der Betriebe der Innungsmeister zusteht, so zwar, dass diesem Recht auch eine Pflicht zur Gestattung des Zutrittes zu den Arbeits- und den Unterkunftsräumen der Lehrlinge, sowie zur Mitteilung der inbetracht kommenden Fakten auf Seiten der Innungsmitglieder entspricht. Die Beauftragten haben die Befolgung der gesetzlichen und statutarischen Vorschriften in den zur Innung gehörigen Betrieben zu überwachen und von der Einrichtung der Betriebsräume und der für die Unterkunft der Lehrlinge bestimmten Räume Kenntnis zu nehmen. Ueber ihre gemachten Wahrnehmungen sind sie verpflichtet, Bericht zu erstatten. Es wäre natürlich von grösstem Interesse, die Resultate ihrer Thätigkeit kennen zu lernen. Freilich wird man hiezu kaum Gelegenheit bekommen. Denn die Aufstellung derartiger Beauftragter ist keine Pflicht der Innung, sie ist hiezu lediglich befugt, und es kann wohl nicht gezweifelt werden, dass die Innungsmeister nicht allzusehr bemüht sein werden, freiwillig ein Organ über sich zu setzen, das ihnen, wenn es seine Aufgabe ernst nimmt, unter Umständen recht unangenehm werden kann. Ebensowenig aber wie von der Innung wird auch von der Handwerkerkammer eine wirksame Inspektion ausgehen, zumal dieser zwar die Aufsicht über das Lehrlingswesen übertragen, die Bestellung von Inspektionsorganen hiefür aber nicht zuerkannt ist.

Zur wirksamen Inspektion bedürfte es eines nach allen Seiten hin gänzlich freien Organes, das eben im Interesse seiner völligen Unabhängigkeit in einer Weise honoriert sein müsste, wie es die Innung zu leisten kaum vermag, und im Interesse der Meister, die ja die Kosten aufzubringen hätten, wohl kaum gelegen wäre.

Lebhaften Widerspruch muss ferner al. 5 des § 99b der österreichischen Gewerbe-Novelle hervorrufen, welche bestimmt, dass eine Verlängerung der Lehrzeit — auch hier höchstens um ein Jahr — von der Gewerbebehörde über Anzeige der gewerblichen Genossenschaft dann verfügt werden könne, wenn der Lehrling die durch das Statut der betreffenden Genossenschaft vorgeschriebene Lehrlingsprüfung nicht besteht. Dazu bemerken die Motive[1] nur, dass, nachdem die

---

[1] S. 93.

Mehrzahl der Gewerbegenossenschaften von der Berechtigung des § 114, Lehrlingsprüfungen vorzuschreiben, Gebrauch gemacht habe, es notwendig sei, „damit die Einrichtung dieser Prüfungen zu einer wirksamen werde, gesetzliche Rechtsfolgen an das Nichtbestehen der Lehrlingsprüfungen zu knüpfen". Aber ist denn die zu kurze Lehrzeit Ursache dieses Nichtbestehens oder ist es nicht vielmehr die schlechte Lage des Lehrlingswesens überhaupt? Und dabei wird hier nicht einmal ein Verschulden des Lehrlings vorausgesetzt, sondern ohne Rücksicht auf ein solches wird ihm jedenfalls die Strafe auferlegt. Ein schlagenderes Argument gegen diese Bestimmung kann es wohl kaum geben, als den Bericht eines Gewerbeinspektors[1], welcher, nachdem er den niedrigen Stand der Lehrlingsausbildung geschildert, fortfährt: „Lernt der Bursche im Laufe der Jahre das Handwerk nicht, dann ist er selber schuld, lernt er es trotz alledem, dann ist es ein Verdienst des Meisters."

§ 100 Gew.O. enthält die Pflichten des Lehrherrn; er hat die gewerbliche Ausbildung des Lehrlings „sich angelegen sein zu lassen", und ihm die hiezu nötige Zeit und Gelegenheit nicht „durch Verwendung zu anderen Dienstleistungen" zu entziehen, ihm obliegen ferner die Beaufsichtigung der Sitten in und ausser dem Hause und die oben erwähnten Verpflichtungen bezüglich des Schulbesuches; daneben noch einzelne andere kleine Verpflichtungen. Die Regierungsvorlage hat daran im Wesen nichts geändert.

Die sonstigen Bestimmungen über das Lehrlingswesen sind lediglich formeller Natur, wichtig wären nur noch die darauf bezüglichen Aufgaben der gewerblichen Genossenschaften. Uebrigens haben diese die ihnen durch § 114 aufgetragene „Vorsorge für ein geordnetes Lehrlingswesen" ebensowenig erreicht als die „Gründung oder Förderung von Fachlehranstalten". Um die letztere Aufgabe bemühten sie sich, wie bereits erwähnt, nur im kleinsten Massstabe, und die von ihnen erlassenen Vorschriften über die Lehrzeit, die Lehrlingsprüfung oder die Bedingungen des Lehrlingshaltens waren kaum irgendwie imstande oder auch nur geeignet, Ordnung in das Lehrlingswesen zu bringen. Ebensowenig wird die durch die Regierungsvorlage (§ 130a) den Innungsverbänden übertragene Aufgabe der Förderung der gewerblichen Ausbildung der Lehrlinge (wie auch der Gehilfen und Meister), insbesondere der Beförderung der Fortbildungsschulen an diesen Zuständen unter den gegenwärtigen Verhältnissen etwas ändern können.

---

[1] Berichte der Gewerbeinspektoren für 1892 S. 115.

g) Der Befähigungsnachweis und die Abgrenzung der Gewerbeberechtigungen.

Unsere Stellung zur Frage des Befähigungsnachweises wird nach dem Vorhergehenden kaum zweifelhaft sein können. Würde man denselben nur damit begründen, dass dadurch das Handwerk gehoben würde, so könnte ja damit die Forderung desselben für jede Thätigkeit begründet werden. Hält man aber im Zusammenhang damit das öffentliche Interesse am Gedeihen des Handwerks für genügend rechtfertigend, ihn speziell für dieses zu verlangen, so könnte die einzig geeignete Erbringung desselben nur durch Prüfungen erfolgen. Obligatorische gewerbliche Prüfungen (Lehrlings-, Gesellen- oder Meisterprüfungen) sind aber, wie oben ausgeführt wurde, heute unmöglich durchzuführen. Damit fällt notwendigerweise jeder Befähigungsnachweis. Vollends auf keine Weise liesse sich der Befähigungsnachweis in der Form rechtfertigen, wie er bei uns (durch das Gesetz vom 15. März 1883) eingeführt wurde. Was soll denn dieser „Zeitverbringungsnachweis"[1] eigentlich nützen? Und wenn er von Nutzen ist, warum wird er dann nur für einzelne bestimmte Gewerbe gefordert? Vielleicht geben uns darüber die Gründe, die bei seiner Einführung geltend gemacht wurden, Aufklärung. Die damalige Regierungsvorlage hatte bekanntlich den Befähigungsnachweis nicht enthalten, und zwar weil „diesen Petitionen (um Einführung desselben) ebenso zahlreiche Petitionen und Aeusserungen von Handelskammern und Gewerbevereinen, dann aus den Kreisen der Gehilfen entgegenstanden, und die Regierung von der fortschreitenden Entwicklung des gewerblichen Unterrichts eine allmähliche befriedigende Lösung der Frage erwartete"[2]. Erst der parlamentarische Ausschuss, der nur einen Teil der Vorlage durchberaten und nur diesen, den sogenannten „Referentenentwurf", ins Plenum brachte und dessen Annahme auch durchsetzte, hatte den Befähigungsnachweis aufgenommen, nachdem die Regierung auch den neuen Standpunkt acceptiert hatte. Der damalige Handelsminister erklärte dabei[3], dass die Regierung diese Frage habe erst reifen lassen wollen, dass aber „die tiefgehende mächtige Bewegung, welche den gesamten Gewerbestand ergriffen", die Regierung schliesslich zur

---

[1] Dr. EMIL SAX, Die österreichische Gewerbenovelle von 1883, in Schmoller's Jahrbüchern Bd. 7 S. 890.
[2] S. bei SAX l. c.
[3] Stenographische Protokolle über die Sitzungen des Hauses der Abgeordneten des Reichsrathes, Wien 1883, IX. Session, IX. Bd. S. 8491.

Ueberzeugung gebracht habe, dass „die von den Gewerbetreibenden kundgegebenen Wünsche sehr beachtenswert seien und dass vielen derselben die vollste Berechtigung zugesprochen werden müsse". Der Referentenentwurf selbst begründet die Einführung des Befähigungsnachweises mit lakonischer Kürze, er sagt nämlich nur[1]: „Was die Forderung der Erbringung des Befähigungsnachweises zur Ausübung eines selbständigen Gewerbebetriebes betrifft, so hat dieselbe das bestehende Gesetz nur bei den konzessionierten Gewerben geltend gemacht; mindestens als ebenso notwendig stellt sich dieselbe beim Handwerke dar. Dieselbe ist — richtig aufgefasst — weit weniger eine Schranke, welche den Zutritt zum Gewerbe erschwert und die Möglichkeit des Erwerbes einengt, als ein höchst notwendiger Schutz der redlichen Arbeit und der bestehenden Gewerbebetriebe gegen Konkurrenz und Schleuderproduktion, ein Schutz gegen Unerfahrenheit, ungenügendes Können und Vermögen, sowie Leichtsinn beim Antritt des Gewerbes, sowie ein Schutz der Konsumenten, der Käufer vor unsolider Ware. Der Befähigungsnachweis schützt also sowohl die Produktion als Konsumtion." In seinem Schlusswort ergänzt der Referent die Gründe noch weiter[2]: „Lehrer, Aerzte, Notare, Advokaten, Architekten, Ingenieure, Lokomotivführer und Kesselheizer müssen sich einer Prüfung unterziehen und den Befähigungsnachweis erbringen. Kein Advokat nimmt einen Schreiber auf, ohne sich zu überzeugen, welche Hand er schreibt und ob er orthographisch schreibt, niemand nimmt einen Diener, ohne sich zu überzeugen. Warum der Befähigungsnachweis nicht beim Handwerk erbracht werden soll, sehe ich nicht ein. Er ist ein Schutz für das Publikum, er ist entschieden eine Schranke gegen regellose Konkurrenz . . . Auch in moralischer Beziehung wirkt er sehr gut . . . Die Standesehre wird dadurch gehoben, weil nicht zu junge Leute selbständig werden." Betrachten wir nun diese Gründe im einzelnen. Unser Befähigungsnachweis wird bekanntlich durch ein Lehrzeugnis über die Lehrzeit (von 2—4 Jahren) und ein Arbeitszeugnis über eine mindestens zweijährige Verwendung als Gehilfe in demselben Gewerbe oder analogen Fabrikbetrieb erbracht (§ 14 Gew.O. und Handelsministerialverordnung vom 17. Sept. 1883, R.G.Bl. No. 149). Dass dadurch keine Garantie für die gewerbliche Tüchtigkeit des Meisterwerbers geschaffen wird, ist bei dem schlechten Stande des Lehrlingswesens klar. Wenn aber nicht einmal diese, wie sollen gar

---

[1] Ibid. S. 8497.
[2] Ibid. S. 8582.

dadurch die anderen Voraussetzungen erworben werden, die unbedingt notwendig wären, um die in den Motiven genannten Ziele auch wirklich zu erreichen? Ist denn die Schleuderproduktion und das Unterbieten der Meister untereinander nicht auf andere Ursachen zurückzuführen als auf die geringe Zeit der Verwendung im Gewerbe oder auch selbst nur auf mangelnde gewerbliche Ausbildung? Man wendet aber ein, dass durch den Befähigungsnachweis zum wenigsten in der Form der Schwindel ausgeschlossen sei, dass Jemand, der im Gewerbe bisher noch gar nicht gearbeitet hat, sich plötzlich als Handwerker niederlasse, einzig und allein in der Absicht, durch schwindlerische Produktion und Schleuderkonkurrenz zum schweren Nachteil der Gewerbetreibenden sich ein Vermögen zu schaffen[1]. Aber wird ein solcher Schwindler dem Handwerke minder gefährlich, wenn er eine Fabrik oder einen Handel mit Handwerkswaren, für die ja der Nachweis nicht erforderlich ist, eröffnet? Es giebt ja solche Leute auch unter denen, die Lehrlinge und Gehilfen gewesen; eine so sittigende Kraft, die Unehrlichkeit in diesen Menschen zu beseitigen, wird man wohl kaum dem Lehr- und Arbeitszeugnis zuschreiben. Oder sollten diese Zeugnisse doch, wie der Referentenentwurf behauptet, vor „Unerfahrenheit, ungenügendem Können oder Leichtsinn beim Gewerbeantritt" zu schützen vermögen? Und erst gegen ungenügendes Vermögen! Da wäre ja mit einemmale die so wichtige Kapitalfrage für das Handwerk gelöst, und es ist dabei nur merkwürdig, dass trotz der vierzehnjährigen Geltung des Befähigungsnachweises das Handwerk noch immer so sehr unter den Nöten des Kapitalmangels leidet. Der Befähigungsnachweis soll ferner einen Schutz für den Konsumenten bilden; besitzt denn wirklich jeder, der die Lehr- und Gehilfenzeit hinter sich hat, selbst wenn er den besten Willen hat, das Beste und Preiswürdigste zu leisten, hiezu auch die Fähigkeit, und hat denn auch jeder diesen Willen? Auch die mündliche Begründung durch den Referenten kann in keiner Weise überzeugen. Sind Erziehung, Gesundheit, Vermögen, Recht und Leben, die den dort genannten Personen anvertraut werden müssen, gleichwertig mit dem Risiko, dem sich der Konsument beim Einkauf einer Ware aussetzt, und ist nicht der Käufer demselben Risiko ausgesetzt beim Kaufmann oder Fabrikanten? Wenn aber der Referent für die Handwerksware dem Konsumenten beim Einkauf die Prüfung ihrer Qualität durch die Garantie auf grund des Befähigungsnachweises

---

[1] Vgl. Protokoll der Schuhmacherexpertise cit. S. 92.

erspart sehen will, und dies damit begründet, dass jeder den Schreiber oder Diener vorher prüfe, so würde daraus eigentlich gerade folgern, dass man auch dem Konsumenten die Prüfung der zu kaufenden Ware überlassen solle, oder aber man müsste mit gleichem Rechte auch die Forderung des Befähigungsnachweises für Schreiber und Diener aufstellen. Der Befähigungsnachweis vermag eben nicht das Publikum zu schützen, noch auch die Schleuderproduktion und -konkurrenz zu verhindern. Vielleicht liegt aber sein Schwerpunkt auch nicht hierin, sondern vielmehr in der nunmehr zu erörternden Begründung, wonach er einen „Schutz der bestehenden Gewerbebetriebe gegen Konkurrenz" und immerhin auch eine „Schranke, welche den Zutritt zum Gewerbe erschwert", zu bilden habe. Darin, also im Schutze der beati possidentes, liegt wohl der Hauptzweck des Befähigungsnachweises. Aber selbst in dieser Beziehung kann er nur in beschränkter Weise seine Pflicht thun. Denn einerseits ist die Frist von 4—6 Jahren für denjenigen, der schon in früher Jugend sich für das bestimmte Handwerk vorzubereiten beginnt — und das trifft bei weitaus der grössten Mehrzahl zu — keine zu lange Zeit. Wird sie doch meist jetzt schon überschritten, da bei uns nach § 3 Gew.O. Eigenberechtigung Voraussetzung des selbständigen Gewerbebetriebes, also regelmässig das zurückgelegte 24. Lebensjahr, nötig ist. Andererseits fordern ja die meisten Gewerbe Fähigkeiten, die eben nur durch mehrjährige Praxis erworben werden können und die Meister in solchen Gewerben werden sich auch ohne gesetzliche Vorschrift in denselben verwendet haben. Das zeigen auch die Erhebungen über die Lehrzeit von ca. 60 000 Meistern in Deutschland im Jahre 1895, also zu einer Zeit, wo für Deutschland selbst ein indirekter Lehrzwang bekanntlich nicht bestand[1]. Darnach hatten 96,8 % von diesen eine Lehrzeit bestanden und zwar davon bis zu 1 Jahre 3,3 %, eine solche von 1—2 Jahren 12,1 %, von 2—3 Jahren 56,9 %, von mehr als 3 Jahren 23,7 %; und zwar in ihrem jetzigen Gewerbe 96,1 %. Dass nach der Lehrzeit nicht gleich ein selbständiges Gewerbe angetreten wird, ist wohl auch bis auf einzelne Ausnahmen zweifellos. Demnach wird auch bei uns die Zahl der durch die Forderung des Nachweises vom selbständigen Gewerbebetrieb Ausgeschlossenen nicht zu gross sein können. Es trifft diese Ausschliessung zunächst diejenigen, die mit kürzerer Lehr-

---

[1] Erhebungen des k. statistischen Amtes über 59 592 Handwerksmeister im Sommer 1895 in: Vierteljahrshefte zur Statistik des Deutschen Reichs, 1896, 2. Heft S. 121—131.

oder Gehilfenzeit die Selbständigkeit erlangen wollen, während gerade dadurch insbesondere durch die Notwendigkeit der Absolvierung der gesetzlich (Handelsministerialverordnung vom 17. Sept. 1883, R.G.Bl. No. 149) oder durch Genossenschaftsstatut (nach § 114 b Gew.O.) vorgeschriebenen Lehrzeit dem Meister eine (regelmässig unbezahlte, jedenfalls aber) sehr billige Arbeitskraft gesichert ist. Die gesetzlich geforderte Eigenberechtigung lässt aber die Zahl der in diesem Falle vom Gewerbeantritt Abgehaltenen jedenfalls nur gering sein. Weiters trifft sie diejenigen, welche aus einem Gewerbe, für das sie den Nachweis geliefert haben, zu einem anderen, für welches sie einen solchen nicht besitzen, übergehen, oder beide Gewerbe zugleich betreiben wollen. Der wichtigste Fall der Ausschliessung aber, wohl auch derjenige, auf den es hauptsächlich abgesehen war, ist der, dass ein Kapitalist den Betrieb eines handwerksmässigen Gewerbes eröffnen will, ohne diesem den Charakter eines Fabrikbetriebes aufzuprägen. Es ist klar, dass er durch einen tüchtigen technischen Leiter oder Werkführer den technischen Betrieb besorgen lassen kann, so dass er als unfähiger Konkurrent nicht inbetracht kommt, gleichwohl bleibt er, weil ohne Befähigungsnachweis, ausgeschlossen, offenbar nur, weil er eben Konkurrent ist. § 3 Gew.O. bietet ihm die Möglichkeit, wenigstens durch Eingehung einer Handelsgesellschaft mit einem Besitzer des Befähigungsnachweises, gleichwohl die Selbständigkeit in dem betreffenden Gewerbe zu erreichen. Diese Möglichkeit will ihm die Regierungsvorlage dadurch erschweren, dass ihr § 3 a von jedem zur Vertretung befugten Gesellschafter die Erbringung des Nachweises fordert, also gerade dem Kapitalisten und regelmässig auch kaufmännisch Tüchtigeren die Vertretung dieser Gesellschaft unmöglich macht.

Ist also schon der Schaden durch den Befähigungsnachweis nach dieser Seite kein ganz geringer, so ist er doch nach anderer Richtung hin bedeutender: In dieser Hinsicht ist er verursacht durch die mit jedem Befähigungsnachweis notwendig verbundene Abgrenzung der Gewerbe. Zwar der vollen Durchführung derselben wurde durch die Bestimmung des § 37, wonach jeder Gewerbetreibende das Recht hat, alle zur vollkommenen Herstellung seiner Erzeugnisse nötigen Arbeiten zu vereinigen, die Spitze abgebrochen, aber es bleibt doch noch genug übrig, um Schaden stiften zu können. Es ist eben die Durchführung dieser Abgrenzung, die sich ja doch nur auf altes Herkommen stützen kann, das aber in die neuen Verhältnisse oft nicht passt und für Arbeiten, die erst zur Zeit der Gewerbefreiheit aufkamen, gar nicht vorhanden ist[1], die unmittelbare Quelle dieses Uebels. Denn da durch diese das Arbeitsfeld eines jeden Handwerkes genau abgegrenzt werden soll, so bemüht sich jedes einzelne, möglichst viel für sich zu gewinnen und zwar notwendigerweise nur dadurch, dass ein anderes beschränkt wird. Daraus entspringen die beständigen Streitigkeiten unter den einzelnen Handwerken, und das Schlimmste dabei ist, dass manche gewerbliche Genossenschaft schon glaubt, für ihr Gewerbe genug gethan zu haben, wenn sie eine bestimmte Thätigkeit für dasselbe in Anspruch nimmt, und dass die Anzeige einer solchen Ueberschreitung des Arbeitsgebietes durch ein anderes Gewerbe bisweilen schon als eine genügende Fürsorge für das Handwerk angesehen wird. Erschöpft sich nun darin das ganze Streben nach Verbesserung ihrer Lage bei einem Teil der Handwerker, so bedeutet dies zugleich eine ganz bedeutende Ueberbürdung der Gewerbebehörden, welche dadurch anderen weit wichtigeren gewerblichen Aufgaben entzogen werden[2].

Wir hatten ja in Oesterreich zur Erprobung des Befähigungsnachweises genügend Zeit, aber nirgends finden wir sein Lob gesungen. Die österreichischen „Untersuchungen", welche, soweit sie sich über seine Wirkungen aussprechen[3], diese nur inbezug auf die Zahl der konkurrierenden Handwerksbetriebe im Auge haben, zeigen übereinstimmend, dass eine Beschränkung der Konkurrenz, also ein für die Meister günstiger Erfolg, durchaus nicht eingetreten sei. Auch die Gewerbeenquete hat die Unzufriedenheit des Kleingewerbes mit dem Befähigungsnachweise gezeigt, das jetzt nach mehr verlangt und offen zugiebt, dass mit der bisherigen Einrichtung gar nichts gewonnen sei[4]. Nur die Regierungsvorlage drückt sich in den Motiven noch etwas gewunden aus[5]. Sie giebt zwar zu, dass der Befähigungsnachweis und die gewerbliche Genossenschaft die kleingewerbliche Frage in Oesterreich „auf die Dauer nicht zum Abschluss gebracht habe", erklärt es aber „im allgemeinen Interesse und im Interesse des Gewerbestandes gelegen, bei der bisherigen Einrichtung des Befähigungsnachweises für handwerksmässige Gewerbe zu verbleiben. Der gegenwärtige Befähigungs- beziehungs-

---

[1] Vgl. MAYER l. c. S. 92.
[2] Man vgl. den umfangreichen Band der „Sammlung von Gutachten und Entscheidungen über den Umfang der Gewerberechte" von MARESCH und FREY, Wien 1894, der nur einen Theil dieser Streitfragen enthält.
[3] U. S. 233, 405, 460.
[4] EBENHOCH l. c. S. 5.
[5] Motive S. 61.

weise Verwendungsnachweis erscheine im allgemeinen als ausreichend, er biete unleugbar erzieherische Vorteile und halte gänzlich ungeeignete Elemente vom Gewerbe fern". Deshalb hält also die Regierung am bisherigen Befähigungsnachweis fest und verstärkt ihn in einzelnen minder bedeutenden Punkten. Immerhin ist es aber bei den herrschenden politischen Strömungen von grosser Wichtigkeit, wenn sie gegenüber den Forderungen nach seiner ungebührlichen Erweiterung auf einem streng verneinenden Standpunkt steht. Das ist einmal der Fall bezüglich der vom Kleingewerbe[1] geforderten obligatorischen Einführung der Lehrlings- und Gesellenprüfungen[2], und ebenso bezüglich der bereits erwähnten Forderung der Ausdehnung des Befähigungsnachweises auf Fabrikanten von Erzeugnissen handwerksmässiger Gewerbe. In dieser letzten Forderung tritt wohl klar der damit allein verfolgte Zweck der Konkurrenzbeschränkung hervor, denn das, was für den Nachweis beim Handwerk angeführt wurde, wird man doch wohl kaum auch auf den Fabrikanten anwenden wollen. Die Motive weisen bei dieser Frage überdies darauf hin[3], dass Grossindustrie und Kleingewerbe sehr wohl neben einander bestehen können und dass sich beide Erwerbsarten vielfach ergänzen (beides doch wohl nur, wenn sie nicht konkurrieren), dass ferner (und das ist entscheidend) die Bedingungen für den Antritt des Fabrikbetriebes, insbesondere der fachliche Bildungsgang, sowie die Aufgaben des Fabrikanten in der Leitung ganz anderer Art seien. Auch würde die dadurch bewirkte Behinderung der Errichtung von Fabriken eine Hinausdrängung der Industrie über die Staatsgrenzen und damit eine Schädigung der Gesamtheit zur Folge haben.

Uebersieht man das Ergebnis der Betrachtungen über den Befähigungsnachweis, so sieht man, dass derselbe dem Handwerke in keiner Weise geholfen hat; er konnte es ja auch nicht, da er die beiden Feinde des Handwerkers, die Grossindustrie und die eigenen Mängel, in keiner Weise zu treffen vermochte. Trotz dieses Misserfolges bildet er einen festen Programmpunkt der Handwerkerpartei; allerdings wird von dieser ebenso wie von der österreichischen klerikalen Partei[4] neben seinem Ausbau vor allem seine Verstärkung durch obligatorische Prüfungen gefordert und sein bisheriger geringer Erfolg

---

[1] Programm S. 21; Antrag LICHTENSTEIN zu § 14 der Gew.O.; EBENHOCH l. c. S. 5.
[2] Vgl. oben und Motive S. 62.
[3] S. 63.
[4] S. den Bericht über den IV. österreichischen Katholikentag in Salzburg, September 1896; „Neue freie Presse", Abendblatt vom 2. September 1896.

nur auf die ungenügenden gesetzlichen Bestimmungen zurückgeführt. Auch die deutsche Handwerkerpartei bezeichnet den Befähigungsnachweis in dieser Form als „Eckstein der ganzen Bestrebungen der Handwerkerbewegung"[1], für den die Handwerker „wie die Löwen kämpfen"[2]. Dass er aber in dieser Form — ganz abgesehen von der Frage ihres praktischen Wertes — undurchführbar ist, wurde bereits oben nachgewiesen. Auf diesem Standpunkt der vollen Negation steht auch die deutsche Reichsregierung, welche in den Verhandlungen über die Gewerbenovelle gegenüber der Forderung auf Einführung des Befähigungsnachweises eine schroff ablehnende Haltung einnahm und dieselbe damit begründete, dass „die verbündeten Regierungen sich weder von der Zweckmässigkeit noch von der Durchführbarkeit dieser Massregel hätten überzeugen können"[3].

Betrachten wir nun die in Oesterreich geltenden **gesetzlichen Bestimmungen über den Befähigungsnachweis**. Regelmässig wird der Nachweis durch das Lehr- und Arbeitszeugnis geliefert. Allein § 14 al. 4 kennt auch eine andere Art des Nachweises und zwar durch das „Zeugnis über den mit Erfolg zurückgelegten Besuch einer gewerblichen Unterrichtsanstalt (Fachschule, Lehrwerkstätte und Werkmeisterschule an höheren Gewerbeschulen), in welcher eine praktische Unterweisung und fachgemässe Ausbildung im betreffenden Gewerbe erfolgt", sofern dieser Anstalt nach Massgabe der gesetzlichen Bestimmungen[4] diese Begünstigung durch das Unterrichtsministerium ausdrücklich zugestanden wurde. Nach dieser Bestimmung ist es möglich, durch Absolvierung solcher bestimmter Schulen den Nachweis in drei Jahren, bezw. wenn eine praktische Vorbildung zum Eintritt in die betreffende Lehranstalt gefordert wurde, in zwei Jahren zu erlangen (Erlass des Unterrichtsministeriums vom 10. Okt. 1883, Z. 17 591 V.Bl. No. 31). Berücksichtigt man die intensive Lehre in dieser Zeit, so muss sie bei geeigneter Einrichtung dieser Schulen für vollauf genügend nicht nur gegenüber der Lehr-, sondern auch der Gehilfenzeit angesehen werden. Gleichwohl haben sich die Handwerker gegen diese Schulen erklärt

---

[1] BÖTTGER, Das Programm der Handwerker, 1893, S. 143.
[2] BÖTTGER l. c. S. 165.
[3] S. HAMPKE, Organisation des Handwerks etc. in Hildebrand's Jahrb. für Nationalökonomie und Statistik, Bd. LXIX, 4. Heft S. 538.
[4] Insbesondere durch Verordnung des Handelsministers vom 17. September 1883 No. 150 R.G.Bl. und Erlass des Unterrichtsministers vom 10. Oktober 1883 Z. 17 591 V.Bl. No. 31.

und verlangen, dass jeder Absolvent zum selbständigen Gewerbebetrieb noch ein Arbeitszeugnis zu erbringen hätte [1]. Welcher der für den Befähigungsnachweis angeführten Gründe für diese Forderung spricht, ist allerdings nicht klar, auch hier ist es wohl nur das Bestreben, diese Erleichterung der Erlangung des Nachweises für den Kapitalisten nach Möglichkeit zu beseitigen. Gleichwohl hat die Regierungsvorlage nachgegeben, indem sie im § 14 al. 3 erklärt, dass die Absolvierung dieser Schulen nur dem Lehrzeugnis gleichwertig sei und dass nur unter gewissen Voraussetzungen die Gehilfenzeit auf ein Jahr verkürzt, jedoch niemals nachgesehen werden könne. Denn durch diese Anstalten würden zwar, sagen die Motive [2], nicht nur theoretische, sondern auch praktische Kenntnisse erworben und zwar die letzteren in einem Umfange, der „dem in der Meisterlehre gebotenen Ausmasse gleichkommt, ja dasselbe vielfach übertreffe" und deshalb könne man deren Besuch das Lehrzeugnis ersetzen lassen, es wäre aber zu weitgehend, ihren Absolventen auch die Gehilfenpraxis zu erlassen. „Denn wenn auch möglicherweise rücksichtlich der technischen Ausbildung im Gewerbe während der Gehilfenzeit nicht weitere Kenntnisse erworben werden können, eine Gehilfenpraxis daher für die Absolventen dieser Anstalten aus dem eben erwähnten Gesichtspunkte entbehrlich erscheint, so müsse doch zugegeben werden, dass während der Verwendung als Gehilfe noch manche andere Kenntnisse und Erfahrungen, wie bezüglich der Arbeitsteilung, Beschaffung und Ausnützung der Roh- und Hilfsstoffe (das sollte doch alles eine gute Schule vollkommen lehren!), Ausbildung und Verwendung von Lehrlingen u. dgl. erlangt werden könnten, für welche der Besuch der gedachten Anstalten nicht immer Ersatz biete." Auch seien ja die Absolventen regelmässig infolge ihrer Jugend weder rechtlich noch faktisch in der Lage, einen selbständigen Gewerbebetrieb anzutreten, und es bestehe demnach auch kein so allgemeines Bedürfnis für die Festhaltung der alten Bestimmung. Der Zweck dieser Schulen sei auch nur, für die Meisterlehre einen nach jeder Richtung hin genügenden Ersatz zu schaffen; würde demnach dies die einzige Aufgabe und zugleich auch einzige rechtliche Wirkung ihrer Absolvierung, so könnte der Kreis der Schulen, deren Besuch eben in dieser Weise wirken solle, wesentlich erweitert werden. Insofern dadurch wirklich die Zahl der privilegierten Gewerbeschulen er-

---

[1] Programm S. 9, Protokoll über die Schuhmacherexpertise S. 65.
[2] S. 66.

weitert und damit zugleich ein Ansporn zu regerem Besuche dieser Anstalten gegeben werden könnte, ist diese Bestimmung jedenfalls zu billigen. Ein praktisches Bedenken steht der ganzen Anordnung, wie auch die Motive bemerken, nicht in besonderem Masse entgegen, umsoweniger als ja nur ein geringer Teil der Absolventen sich dem Handwerk zuwendet[1].

Uebrigens hat die Novelle von 1883 den Befähigungsnachweis nicht in starrer Form eingeführt. Er bezieht sich von vornherein nicht auf Fabriken und den Handel und umfasst vom Kleingewerbe nur die handwerksmässigen Gewerbe, als welche jene anzusehen sind, „bei denen es sich um Fertigkeiten handelt, welche die Ausbildung im Gewerbe durch Erlernung und längere Verwendung in demselben erfordern und für welche diese Ausbildung in der Regel ausreicht" (§ 1 Gew.O.). Zwar lassen sich in diesen Rahmen sämtliche Gewerbe spannen, welche von ihnen aber gesetzlich als handwerksmässige aufzufassen sind, wird von Zeit zu Zeit im Verordnungswege geregelt. Das gegenwärtige Handwerksregister (in der Verordnung des Handelsministeriums vom 30. Juni 1884, R.G.Bl. No. 110) umfasst in 47 Nummern ca. 75 Gewerbe[2]; alle übrigen, soweit nicht konzessioniert, sind frei. Mit Rücksicht auf die obige Definition der handwerksmässigen Gewerbe, sowie darauf, dass es bisher an einer durchschlagenden Definition überhaupt noch mangelt, erscheinen diese Einreihungen immer mehr oder weniger willkürlich; es besteht denn auch darin ein stetes Schwanken, wie denn obige Verordnung bereits die Abänderung einer früheren bildet, und auch die Wünsche der Gewerbepartei selbst beständig wechseln. So zählte „der Vater des Befähigungsnachweises", der österreichische Gewerbetag, 42 Gewerbe darunter, in 6—7 Monaten war die Zahl bis 84 gestiegen, während

---

[1] Diese Bestimmung findet sich nicht in der jüngsten Novelle.
[2] Dabei ist es bestritten (vgl. MAYER l. c. S. 205 ff.), was die Zusammenfassung mehrerer Gewerbe unter eine Nummer in dieser Aufzählung zu bedeuten hat; die Bedeutung, dass diese als ein einziges Gewerbe aufzufassen, d. h. die Befähigung für das eine auch für das andere hinreiche, hat es zweifellos nicht, denn sonst könnte der Messerschmied Feilenhauer (8.), der Buchbinder auch Ledergalanteriearbeiter (3.) werden. Der Sinn ist wohl der, dass es sich dabei nur um „verwandte" Gewerbe (§ 14 al. 6) handelt, obzwar nicht geleugnet werden kann, dass es schwer ist, die verschiedenen Gewerbe der Musikinstrumentenerzeuger (6.), z. B. die Erzeugung von Klavieren und von Blechinstrumenten, unter einander als verwandt zu erkennen; dass aber die durch Bindestriche (=) mit einander verbundenen immer nur als ein einziges Gewerbe anzusehen sind, ergiebt sich zweifellos aus 34. Sonnen- und Regenschirmmacher, die doch unmöglich zwei Gewerbe bilden.

schliesslich im Parlament bei der Behandlung der Novelle eine darauf bezügliche Resolution wieder nur 70 Gewerbe umfasste[1]. Die Handwerkerpartei verlangt[2] gegenwärtig die weitere Ausdehnung des Befähigungsnachweises auf bestimmte andere Gewerbe, darunter Kaufleute und Gastwirte (handwerksmässige Gewerbe?), Tuchmacher, Weber und Nagelschmiede (als ob diesen Handwerksgewerben überhaupt noch zu helfen wäre). Und in den Motiven der Regierungsvorlage[3] wird erklärt, dass Erhebungen über die Ergänzung jener Liste im Zuge seien und diese Ergänzung auch baldigst zu gewärtigen sei.

Von der Notwendigkeit der Erbringung des vollständigen Befähigungsnachweises kennt die Gewerbeordnung einzelne Ausnahmen auf grund von Dispensationen; so gestattet al. 6 des § 14 die vollständige Nachsicht desselben „in besonders rücksichtswürdigen Fällen" zum Zweck des Ueberganges zu einem anderen, jedoch verwandten handwerksmässigen Gewerbe oder des gleichzeitigen Betriebes mehrerer solcher Gewerbe. Ein Ministerialerlass (vom 16. Sept. 1883, Z. 26 701) hält die Voraussetzung für diesen Fall der Dispenserteilung gegeben für den Uebergang zu einem anderen Gewerbe durch schlechte Geschäftskonjunktur, für die Kumulierung mehrerer durch Ortsgebrauch oder schwierige Erwerbsverhältnisse. In schwierigen Geschäftslagen wird ja der Uebergang oder die Kumulierung oft das einzige Mittel sein, um die Selbständigkeit des Meisters zu erhalten und seine Proletarisierung zu hindern. Und warum sollte auch der Handwerker gebunden bleiben an sein Gewerbe auch dann, wenn es ihn nicht mehr zu ernähren imstande ist? Im Gegenteil, es sollte das Streben der Handwerkerpolitik sein, diesen Uebergang oder diese Vereinigung zu erleichtern nicht nur durch gesetzliche Freistellung, sondern auch dadurch, dass jedem Kenntnisse und Fähigkeiten genug beigebracht werden, um auch etwas anderes als das einzige Handwerk ergreifen zu können. Bei uns aber ist diese Dispensation nur mit Rücksicht auf verwandte Gewerbe gestattet; warum nur für diese, die sich doch vielleicht in gleich schlechter Lage befinden? Das ist denn doch eine zu starr konsequente Durchführung des Befähigungsnachweises, wie sie wohl dessen Idee entspricht, nicht aber den bei uns diesfalls geltenden Bestimmungen angepasst ist. Dass ein Missbrauch auch ohne diese Beschränkung nicht stattfinde, dafür zu sorgen ist ja die ge-

---

[1] Rede des Abg. MATSCHEKO, Stenographisches Protokoll IX, S. 8496.
[2] Programm S. 7; Antrag LICHTENSTEIN zu § 1.
[3] S. 63.

stattende Behörde wohl in der Lage. Wenn aber vorher zu diesem Zwecke die Einvernahme der Genossenschaft zu erfolgen hat, so bedeutet das, da diese wohl stets geneigt ist, über die schlechte Lage des eigenen Gewerbes zu klagen und sich gegen den Dispens auszusprechen, doch wohl nur eine Verzögerung, die aber zugleich — besonders bei schlechter Geschäftslage — dem Bewerber einen materiellen Schaden zufügen muss. Dasselbe umständliche Verfahren, gegen das die gleichen Gründe sprechen, findet auch statt im weiteren Dispensationsfalle in der al. 7 des § 14, wonach „ausnahmsweise" (ohne weitere gesetzliche Voraussetzung) von der Beibringung des Lehrzeugnisses Umgang genommen werden kann. Al. 8 schliesslich überlässt für die „gemeiniglich von Frauen betriebenen Gewerbe" der Gewerbebehörde bezüglich der Art und Weise, wie von Frauen hier der Befähigungsnachweis zu erbringen wäre, die freie Würdigung.

Gegen diese drei Dispensationsfälle, durch welche in das Prinzip des Befähigungsnachweises Bresche gelegt wird, richtet sich auch der Kampf der Handwerker. Sie verlangen deren Abschaffung[1] und setzen den Misserfolg unseres Befähigungsnachweises teilweise auf Rechnung ihrer allzu freisinnigen Anwendung[2]. Bedenkt man aber das umständliche Verfahren vor der Erteilung und die so enge gezogenen Grenzen ihrer Anwendung („in besonders rücksichtswürdigen Fällen", „ausnahmsweise"), so muss man zugeben, dass die Zahl der Dispense wohl viel zu gering sein wird, um einen solchen Erfolg auch nur im entferntesten erreichen zu können. Und wenn eine Aenderung dieser Bestimmungen zu wünschen ist, so kann sich diese nur in der Richtung nach Erweiterung derselben bewegen.

Die wichtigste Durchbrechung des starren Befähigungsnachweises erfolgt aber bei uns durch § 37 Gew.O.: „Jeder Gewerbetreibende hat das Recht, alle zur vollkommenen Herstellung seiner Erzeugnisse nötigen Arbeiten zu vereinigen und die hiezu erforderlichen Hilfsarbeiter auch anderer Gewerbe zu halten." Das ist eine Ausnahmsbestimmung, die sich eigentlich von selbst versteht und deren Beseitigung überhaupt nicht durchführbar wäre; fast jede Handwerksware müsste ja sonst mehrere Betriebe passieren und das würde wohl in allerletzter Linie für das Handwerk von Vorteil sein. Anders steht es mit der Frage, wie weit der Begriff der „vollkommenen Herstellung" auszudehnen ist. Ist damit nur die Erzeugung

---

[1] Programm S. 9; Antrag LICHTENSTEIN zu § 14.
[2] S. bei KOBATSCH l. c.

der Ware bis zu ihrer Fertigstellung gemeint oder begreift dieser Begriff auch noch dasjenige in sich, was zwar ein selbständiges Produkt ist, aber doch für den Absatz jenes Erzeugnis unbedingt notwendig oder doch allgemein gebraucht wird. Mit anderen Worten: Gehört dazu auch noch das Fass beim Brauer, das Etui beim Meerschaumdrechsler etc.? Man wird im Sinne des Gesetzes wohl nein sagen müssen, wenn auch wirtschaftliche Interessen das Gegenteil fordern. Der Verwaltungsgerichtshof hat in dieser Frage verschieden judiziert[1]: Den Brauereien sprach er das Recht der eigenen Fässererzeugung ab, den Drechslern aber soll die Erzeugung ihrer Etuis gestattet sein. Und doch kann nur die eine oder die andere Entscheidung richtig sein. Bei dieser Frage handelt es sich in der Praxis nicht so sehr darum, ob ein Handwerk auf ein fremdes Gebiet übergreift, sondern hauptsächlich darum, ob die grossen Betriebe derartige Hilfsprodukte, deren Erzeugung einem handwerksmässigen Gewerbe angehört, ohne weiters in ihren Hilfsbetrieben erzeugen dürfen oder aber ob entweder für diesen Hilfsbetrieb der Befähigungsnachweis vom Fabrikanten geliefert bezw. dieser Hilfsbetrieb gleichfalls als Fabriksbetrieb gewerbebehördlich angemeldet werden müsste. Allerdings werden in der Praxis — man vergleiche auch die schwankende Judikatur des Verwaltungsgerichtshofes in dieser Frage — nicht immer diese Konsequenzen gezogen. Aber selbst in seiner engeren Auslegung erscheint der § 37 der Handwerkerpartei noch zu liberal; er soll aufgehoben und an seine Stelle die Bestimmung gesetzt werden, dass die von jedem Gewerbetreibenden „zur vollkommenen Herstellung seiner Erzeugnisse etwa benötigten Arbeiten anderer Kategorie durch einen selbständigen Gewerbetreibenden der betreffenden Kategorie" besorgt werden müssen[2]. Auch in der parlamentarischen Gewerbeenquete plaidierte das Kleingewerbe für die Abschaffung des § 37, „des Krebsschadens der Kleingewerbe"[3]. Dabei erkannte es sehr wohl die Uebel, die aus der Abgrenzung der Gewerbe sich mit Notwendigkeit ergeben, schreibt aber den Schaden merkwürdigerweise gerade nur dem § 37 und nicht dem Befähigungsnachweis überhaupt zu. In der Darstellung der genannten Enquete[4] heisst es darüber als Erklärung des Kleingewerbes: „Die Schädigung ist nicht bloss deshalb gross, weil mancher durch die erwähnten Hilfsbetriebe der Grossindustrie um einen, oft den

---

[1] S. bei MAYER l. c. S. 235.
[2] Programm S. 11; Antrag LICHTENSTEIN zu § 37.
[3] EBENHOCH l. c. S. 11.
[4] EBENHOCH l. c. S. 11.

grössten Teil seines Erwerbes kommt; der Schaden ist auch deswegen gross, weil dadurch viel Neid, Missgunst, Falschheit grossgezogen wird." Nur vergisst man dann, dass die gewünschte Aenderung des § 37 diese Wirkungen noch potenzieren müsste und dabei doch undurchführbar bliebe. Denn diese Aenderung würde bedeuten, dass z. B. der Tischler den Tisch zwar herstellen, ihn aber nicht selbst, nicht einmal durch einen eigenen Gesellen in seiner Werkstatt, anstreichen oder lackieren dürfe, sondern diese Arbeit dem Anstreicher oder Lackierer überlassen müsste; oder dass der Schriftenmaler die Tafel zwar malen, nicht aber selbst abhobeln dürfe, sondern dazu eines Tischlermeisters bedürfe etc. etc. Dann würden die Streitigkeiten der Gewerbe wohl überhaupt kein Ende nehmen und den Schaden hätten doch nur die Handwerker selbst, da sie dann eine Arbeit, die sie heute rasch und ohne Kosten in ihrer Werkstätte verrichten können, einem anderen Meister übertragen müssten, und sie hätten den Preis dieser Neuerung, die überdies keinem nützen würde, in Geld und in Zeit zu zahlen. Die Regierungsvorlage geht deshalb mit Recht über die ganze Frage mit Stillschweigen hinweg, und lässt den status quo unverändert.

Die Gewerbepartei verlangt ferner die Berücksichtigung der beteiligten gewerblichen Genossenschaften bei Streitigkeiten über den Umfang der Gewerberechte[1]. Wie das bei einander widersprechenden Gutachten, und solche sind doch jedenfalls im Streite der beiden Gewerbe zu erwarten, geschehen sollte, bedürfte doch erst einer Aufklärung. Ferner werden überhaupt neue Grundsätze für die Regelung des Umfanges der Gewerberechte verlangt[2], und zwar soll dies geschehen durch Gewerbsnormalien. Diese sollen aber auch für die freien Gewerbe gelten, für die man also auch ohne Befähigungsnachweis dadurch wenigstens die Gewerbestreitigkeiten schaffen will, sie sollen auch für die Fabrik Geltung haben und vor allem für diese eine Beschränkung bilden. Die „Ausstellung und Führung" dieser Normalien (sie scheinen also nicht ständig zu sein) soll nach den vom Handelsminister zu erlassenden Grundsätzen auf grund der Gutachten der gewerblichen Genossenschaften, ihrer Verbände und der Handels- und Gewerbekammern erfolgen. Allein die Schwierigkeiten, die sich schon bei einzelnen Streitpunkten über den Gewerbeumfang ergeben, lassen eine Regelung für alle Gewerbe einfach unmöglich erscheinen, und würde sie dennoch erfolgen, dann

---

[1] Programm S. 10; Antrag LICHTENSTEIN zu § 86.
[2] Ibid.

wäre für die unheilvollen Streitigkeiten der Handwerker wegen Ueberschreitung der Gewerbsberechtigung erst recht Thür und Thor geöffnet. Endlich enthält die Regierungsvorlage noch gewisse Bestimmungen, um „die Einrichtung des Befähigungsnachweises wirksamer zu gestalten und dessen Umgehung thunlichst zu verhindern"[1]. Es sind dies die bereits erwähnten Vorkehrungen, dass in zweifelhaften Fällen bezüglich des Befähigungsnachweises die gewerbliche Genossenschaft zu hören sei, dass vor Erlangung des Gewerbescheines die Ausübung eines handwerksmässigen Betriebes nicht begonnen werden dürfe, und schliesslich die Vorschrift betreffend den Befähigungsnachweis bei offenen Handelsgesellschaften. Dass diese Bestimmungen zum Teil sehr üble Folgen nach sich ziehen können, wurde bereits erwähnt, und dem gegenüber kann doch das Bestreben, die Durchführung eines Gesetzes zu sichern, als einziges Argument für diese Bestimmungen kaum in die Wagschale fallen[2].

VI.
Schlussergebnisse.

Für die Lösung der Handwerkerfrage ist es nicht genug, dass das Handwerk existiert, sondern nicht minder wie es existiert. Für diese letztere Frage aber sind die Uebel aus dem Kleingewerbe selbst umsomehr entscheidend, als bei einzelnen Gewerben, in denen eine grossindustrielle Konkurrenz nicht besteht, diese allein auf seine Lage schädigend einwirken. Nun böte selbst der numerus clausus keine unbedingte Sicherheit dafür, dass es allen zugelassenen Meistern wirklich gut ginge, denn auch da noch könnte der eine dem anderen die Kundschaft entziehen. Mit unserer ganzen modernen Auffassung stehen aber derlei Einrichtungen, auch wenn mit ihnen ein sicherer Erfolg verbunden wäre, im schärfsten Widerspruch. Unsere Aufgabe kann es nur sein, die bestehenden Gegensätze nach Möglichkeit auszugleichen und jeden einzelnen in den Stand zu setzen, im freien Wettkampf die beste Stellung für sich zu erringen. Dabei können Kapitalmangel oder -schwäche des einzelnen nicht beseitigt werden; auch die oben erwähnte Kreditorganisation kann da nur in sehr beschränktem Masse unmittelbar einwirken. Die Genossenschaft

---

[1] Motive S. 63.
[2] Bd. 76 der Schriften des Vereins f. Sozialpolitik (Verhandlungen der 1897 abgehaltenen Generalversammlung) kam dem Verfasser erst während des Druckes zu und konnte daher nicht mehr benützt werden.

allerdings vermag nach der einen oder anderen Seite hin das Kapital zum Teil zu ersetzen. Und schon um jedem einzelnen die Möglichkeit ihrer Ausnützung zu gewähren, muss er mit Wissen, mit technischen und kaufmännischen Fähigkeiten und Kenntnissen ausgerüstet werden, die zugleich seine beste Stütze im Kampfe bilden und geeignet sind, alle übrigen oben genannten Uebelstände, die aus dem Kleingewerbe selbst entspringen, zu beseitigen. Soweit diese also heilbar sind, erscheint als einziges Heilmittel die Bildung, nicht nur gewerbliche, sondern auch allgemeine Bildung. Ohne sie haben alle jene Uebel, auch dort, wo die grossindustrielle Konkurrenz nicht stattfindet, freien Spielraum, mit ihr ist dem Handwerk, soweit die Grossindustrie es nicht bedroht, eine zufriedenstellende Existenz gesichert.

Ziehen wir nun das Ergebnis aus der vorliegenden Arbeit: Die meisten Arbeitsgewerbe (auch die zu solchen verstümmelten) und einige Produktionsgewerbe bleiben, wie wir sagten, von der Grossindustrie unberührt; ob die Lage dieser Handwerke befriedigend ist, ist vor allem eine Frage der Bildung ihrer Angehörigen. Die Produktionsgewerbe, die mit ihrem ganzen Gewerbe die Konkurrenz der Maschine zu ertragen haben, unterliegen ihr unbedingt oder werden ihr unterliegen, soweit es dem Handwerke nicht gelingt, sich einen Rest zu sichern, auf den ihm die Maschine nicht nachzufolgen vermag. Ob und in welchem Umfange ihm das gelingen kann, hängt innerhalb des von der Maschine noch freigelassenen Gebietes wieder zum grossen Teile von seiner Bildung ab. Gegenüber der Konkurrenz des Verlags und der Manufaktur ist die Möglichkeit des vollen Bestandes des Handwerks ja gegeben; aber nicht immer in isolierten kleinen Betrieben, meist nur in ihrer Vereinigung in der Genossenschaft, die den vereinigten Meistern mehr oder minder die Vorteile der Grossbetriebe gewährt. Auch dort, wo die Maschine ein Handwerk mit Vernichtung bedroht, bietet die (Produktiv-)Genossenschaft das Mittel, die Proletarisierung der Meister, wenn auch nicht den Verlust ihrer Selbständigkeit, zu verhindern. Ob aber von der Genossenschaft in genügend umfassender Weise Gebrauch gemacht wird, das ist wieder eine Frage der Bildung der Handwerker. **Genossenschaft und Bildung!** Auch die weitreichende, umfassende Durchführung der Genossenschaft — mag sie auch durch Gesetze oder administrative Massregeln, wie die Kreditorganisation, immerhin gefordert werden können — kann doch nur auf der Bildung fussen, und so ist in letzter Linie die Handwerkerfrage eine **nationale Bildungsfrage!**